그날을 말하다

호성 엄마 정부자

4·16구술증언록 단원고 2학년 6반 제5권

그날을 말하다

호성 엄마 정부자

4·16기억저장소 기획 편집
(사) 4·16세월호참사가족협의회 지원 협조

한울

일러두기

1. 음절로 식별 가능한 소리를 들리는 대로 전사하는 것을 원칙으로 한다.

2. 의미를 파악하기 위해 추가 설명이 필요할 경우 [ ]로 표시한다.

3. 몸짓, 어조 등 비언어적 행위는 ( )로 표시한다.

4. 구술자가 말을 잇지 못해 말줄임표를 사용하는 경우 ……, …로 길고 짧음을 표시한다.

5. 비공개 영역은 〈비공개〉로 표시한다.

6. 비공개해야 하는 희생자 형제자매의 이름은 ○○, △△ 등의 도형기호로, 생존자의 이름은 A, B, C 등 알파벳 대문자로 표시한다.

7. 비공개해야 하는 제3자는 직분이나 소속, 성만 공개하고, 이름은 ××로 표시한다. 비공개해야 하는 숫자는 자릿수에 상관없이 □로 표시하며, 지명은 □□로 표시한다.

　4·16기억저장소에서는 세월호 참사 5주기를 맞아 구술증언 수집 사업의 결과물 일부를 100권의 책으로 발간하게 되었습니다. 이 사업은 2015년 6월부터 다양한 학문 분야 구술 연구자들의 자발적인 참여로 진행되어 왔으며, 세월호 참사를 좀 더 정확하고 다각적으로 기록하고 기억하고자 하는 노력의 일환으로 수행되었습니다.

　2014년 참사 발생 이후, 참사 피해자들의 목격담과 경험은 안타깝게도 공식적인 국가기관과 언론의 기록 속에서 철저히 소외되거나 왜곡되었습니다. 그것은 세월호 참사가 우리에게 안긴 죽음과 고통의 충격만큼이나 우리 사회의 끔찍한 비극이었습니다. 따라서 사업을 진행하면서 세월호 참사 희생자 가족, 생존자, 생존자 가족, 어민, 잠수사, 활동가, 기자 등등, 참사의 초기 과정을 직접 경험한 분들의 증언을 우선적으로 수집했습니다. 구술자는 이 사업의 취지와 방식에 개인적으로 동의한 분 중에서 선정했으며, 참여 과정에 어떠한 금전적 보상이나 이익이 제공되지 않았습니다. 또한 구술증언 수집 사업을 진행하는 동안, 면담자는 연구자이자 참사를 겪은 공동체 시민으로서 최대한 윤리적이고자 노력했습니다.

구술자마다 매회 약 2시간씩 3회를 원칙으로 음성 녹취와 영상 촬영을 하는 방식으로 진행되었고, 증언의 일관성을 확보하기 위해 면담자는 큰 틀에서 공통 질문지를 사용했습니다. 공통 질문지의 내용은 참사와 구술자 간의 관계성에 따라 차이가 있지만, 유가족 구술의 경우 1회차 '참사 이전의 삶, 팽목항과 진도에서의 경험, 자녀에 대한 기억'을, 2회차 '참사 이후 투쟁과 공동체 활동 경험'을, 3회차 '참사 이후 개인 및 가족이 경험한 삶의 변화와 깨달음, 자녀의 현재적 의미'를 중심으로 했습니다. 이처럼 증언 내용은 참사 이전에서 시작해 참사 발생 당시의 경험과 이후의 변화 과정까지 폭넓게 수집했고, 면담자는 구술 채록 과정에서 구술자의 발화를 최대한 존중하고자 했으며, 무엇보다 각자의 특수한 경험과 다른 시각을 충실히 반영하고자 했습니다.

이 구술증언록의 발간을 위해, 채록된 음성 자료는 문서로 변환해 구술자와 함께 검토했고, 현재 시점에서 공개할 수 있는 영역과 할 수 없는 영역으로 구별했습니다. 따라서 책에 실린 내용은 모두 구술자로부터 공개를 허락받은 부분입니다. 비공개 영역은 추후 구술자의 동의를 받아 적절한 절차를 거쳐 추가로 공개될 수 있으리라 생각합니다.

이 구술증언록 100권에는 그동안 우리 사회에 왜곡되어 알려지거나 잘 알려지지 않았던, 참사 발생 직후 팽목항과 진도 혹은 바다에서의 초기 상황에 관한 중요한 증언이 포함되어 있습니다. 또한, 자녀를 잃는 잔인하고 애통한 상황을 겪으면서도 그 누구보다 강인한 정치적 주체로 성장할 수밖에 없었던 유가족의 마음과 경험을 구체적으로, 그리고 여러 각도에서 살펴볼 수 있습니다. 그 외에도, 이 구술증언록은 2014년을 전후한 한국 사회의 여러 측면을 드러내는 귀중한 자료가 되리라고 생각합니다. 무엇보다 국내외의 많은 분이 이 책을 읽어, 장차 세월호 참사의 진상 규명과 역사 서술에 기여할 수 있기를 바랍니다.

구술증언 수집 사업이 진행되고, 책으로 출간되기까지 많은 분의 도움과 지지가 있었습니다. 이 지면을 빌려 부족하나마 감사의 말씀을 전하고자 합니다.

먼저 (사)4·16세월호참사가족협의회와 4·16기억저장소에 감사를 드립니다. 이분들의 신뢰와 적극적인 협조가 없었다면, 이 사업은 처음부터 시작할 수조차 없었을 것입니다. 또한 어려운 정치 환경 속에서도 사업의 취지에 공감해 재정 지원을 결정해 준 아름다운가게와 역사문제연구소에 감사드립니다. 두 단체 덕분에, 이 사업을 4년 동안 계속해 올 수 있었습니다. 그리고 구술증언록 100권의 발간에 동의하고, 바쁜 일정에도 출판 실무를 기꺼이 맡아주신 한울엠플러스(주)에도 감사를 드립니다. 이 외에도 많은 개인과 단체가 직간접적으로 많은 도움을 주시고 격려해 주셨습니다. 여기에 모두 밝히지 못하는 것을 죄송하게 생각합니다.

　말할 필요도 없이, 가장 크고 또 가슴 아픈 감사는 구술자 한 분한 분께 드리고자 합니다. 이 책이 발간될 수 있었던 것은, 무엇보다 용기를 내어 아픔과 고통의 기억을 다시 떠올리고 장시간 진심으로 이야기를 해주신 구술자가 있었기 때문입니다. 오랜 시간 이야기를 나누며 함께 공감하기도 했지만, 그 아픔과 고통을 어떻게 가늠할 수 있을까 싶습니다. 더 큰 도움이 되지 못함을 안타까워하며, 이 구술증언록 100권의 발간이 피해자분들에게 조금이라도 위로가 될 수 있기를 기원합니다.

2019년 4월

4·16기억저장소 구술팀 책임자
서울대학교 인류학과 교수 이현정

차례

호성 엄마 정부자

구술자 정부자는 단원고 2학년 6반 고 신호성의 엄마다. 호성이는 "하고 싶은 말은 하고, 힘든 일은 하지 말라"며 언제나 엄마를 살뜰하게 챙기는 아들이었다. 엄마는 호성이가 어디선가 지켜볼 것만 같아서 아들이 바라던 당당한 모습으로 살아가려고 마음을 다잡는다. 엄마는 더 나은 세상을 만들기 위해 노력하며 살면 천상에서라도 호성이를 만나게 될 것이라 믿으며, 오늘도 추모분과장으로서 4·16가족협의회로 출근을 한다.

정부자의 구술 면담은 2016년 10월 24일, 31일, 11월 7일, 3회에 걸쳐 총 6시간 40분 동안 진행되었다. 면담자는 이현정, 촬영자는 김솔이었다.

구술자 본인의 프라이버시나 제3자의 프라이버시를 보호해야 할 부분을 제외하고는 구술자의 발화를 있는 그대로 전사했다.

1회차

2016년 10월 24일

1
시작 인사말

면담자　　　본 구술증언은 4·16 사건에 대한 참여자들의 경험과 기억을 기록으로 남김으로써 이후 진상 규명 및 역사 기술에 기여하고자 합니다. 지금부터 정부자 씨의 증언을 시작하겠습니다. 오늘은 2016년 10월 24일이며, 장소는 안산시 단원구 정부합동분향소 내 불교방입니다. 면담자는 이현정이며, 촬영자는 김솔입니다.

2
구술 참여 동기

면담자　　　오늘 질문은 4·16 참사 이전의 삶과 그리고 4·16 참사 당일부터 안산으로 돌아오실 때까지 팽목항과 진도에서의 경험, 그리고 아이에 대한 기억에 관한 내용이 될 것입니다. 일단 구술을 시작하기 전에 몇 가지를 여쭤보고 싶어요. 어머니께서 이번 구술증언 사업에 참여하기로 결심하신 계기는 무엇입니까?

호성 엄마　　　작년에는 제가 [4·16]기억저장소에 약간 몸을 담고 있었어요. 애 아빠가 구술을 했었거든요. 그래서 한 가정에 한 부모만 하면 되는 줄 알고 '다행이다. 애 아빠가 흔쾌히 한다, 그래서 다행이다'라고 [생각했었죠]. 저는 『금요일엔 돌아오렴』 책을, 그때 [참여]했기 때문에 될 수 있으면 그 기억을 되살리고 싶지 않아서, '안 했으면 좋겠다'라고 생각을 했었어요. 근데 서울에 한번 간담회를 갔었거든요.

17
·

같이 갔다 오면서 그분들 얘기를 들어보면서 '참 이게 [기록이] 중요하구나'. 중요하다는 생각은 들었음에도 [돌아]와서 '[4·16을] 기억하기 싫다' 그러고 "하겠다"고만 [하고서는] 자꾸 미루고…. 이게 중요성은 알지만 자꾸 나한테 연락이 와서 [말로는] "하겠다, 하겠다" 해놓고서 어떻게 떴했어요. 작년에 떴해서 '오, 다 끝났구나. 내 차례가 안 와서 다행이다' 그러고 있었는데 우리 재강이 어머니께서 "다시 하게 됐다"고, 2차. 그래서 더 이상 거절을 못 하고 여기까지 왔습니다.

면담자　　네, 그러면 어머님께서는 이 기록이 어떠한 목적으로 사용되기를 바라세요?

호성 엄마　　지금은, 지금은 '우리 아이들'이라고 얘기를 하는데요, 초창기에는 내 자식을 위해서. 〈비공개〉 첫 번째는 진짜 내 자식만 보였어요. 내 인생만 억울하고 그랬는데 지금은 내 자식만을 얘기하고는[얘기해서는] 이게 빨리 해결될 것 같지가 않더라고요. 그러다 보니 '우리 아이들'[이라고] 하다 보니까, 진짜 우리 아이들, '우리는 같이 가야만이 모든 걸 빨리 해결할 수 있구나. 우리 가족이 뭉쳐 있어야만이 빨리 해결할 수 있구나' 그러다 보니까 우리 아이들, 그니까 모든 아이들이[을] 다 이렇게 품게 된 거예요. 네, 그래서 그 아이들이, 진짜 우리 시대의 어른들 욕심으로 이 아이들을 이렇게 보냈지만은 이 죽음이 헛되지 않게, 헛되지 않게 뭔가를 조금 변화를 시켰으면 하는 그런 바람으로 알려졌으면 좋겠어요. 진짜 뭔가는, 뭔가는 변해야 되잖아요.

면담자　　그럼 어머님 생각에는 아이들의 희생이 헛되지 않기 위

해서라도 뭔가 사회에 좀 변화가 있어야 하고, 그 변화를 이끌어 내는
데 이 구술증언이 기여했으면 좋겠다, 이런 생각이시죠?

호성 엄마   네, 네.

3
안산 주민들과 함께하고픈 마음

면담자   최근에 특조위[4·16세월호참사 특별조사위원회]도 해산되
고 인양도 미뤄지고 있는데, 이러한 상황 속에서 요즘은 주로 어떠한
일에 참여하고 계신지 잠깐 소개해 주시겠어요?

호성 엄마   저 같은 경우에는 지금 거의 1주기, 2주기를 바깥에서
이렇게 돌다가요. 첫 번째는 1주기 때…, 여기서는 다 얘기해도 되죠?
아이를 [잃어]버려 놓고 '이게 뭔가' 했어요. 그때까지도 '내 나라, 이
좋은 나라'라고 생각을 했거든요. '이게 왜 이러지?'라고 생각해서 너
무 내가 집에만 있으면 죽을 것 같으니까 숨을 못 쉴 것 같으니까, 이
현실을 받아들일 수 없으니까 밖으로 이렇게 돌아다니게 된 거예요,
갑자기(한숨). 질문을 다시 한번 해주시겠어요? 까먹었어요.

면담자   2년 반이 흘렀잖아요? 최근에 주로 어떠한 일을 하시는
지요?

호성 엄마   그냥 그 일을 하기 위한[하게 된] 과정 때문에 얘기하다
보니까 까먹었는데, 지금은 [4·16세월호참사 가족협의회] 추모[분과]팀장

으로 일을 하고 있습니다.

면담자   주로 지금 작업하는 건 추모 기념관인가요?

호성 엄마   네. 그래서 다시 돌아가야 되는데, 1년 동안 이런 일이 벌어지고, 아이는 갔고…. 1년 동안 돌아다녀 보니까 괜히 뭔가가, 내 느낌에요, 뭔가가 나는 억울해 죽겠고 아파 죽겠는데 계속 국회를 가야 되고, 광화문을 가야 되고, 여기저기를 가야 됐어요. 내 아이는 없는데 그냥 바닥에, 거리에 나앉아 있는 외톨박이가 되어 벌거벗은 채로 서 있는 것 같은 느낌이 들어서…. '이거 아닌데, 내 새끼는 지금 하늘공원[추모공원]에, 백화점에 가면 물건 맡겨놓듯이 그렇게 맡겨놓는 곳에 있는데 이게 뭘 하자고, 진짜 억울한데 뭘 하자고 이렇게 다니지? 진상 규명? 진실 밝힌다고? 그래 좋아'[라고 생각하면서] 다녔는데, 이게 나도 모르게 몸만 계속 다니고 있는 거예요.

　　이 머릿속에는 이 안산이라는 곳이 있었어요. '우리 아이들 한곳에 모아놔야 되는데, 왜 내가 밖에 이렇게 돌아다니지?' 이게, 진짜 느낌에 [아이들이 흩어져 있는 현 상황이] 오래갈 거라는 생각이 그때부터 든 거예요. 언제 그 느낌을 받았냐면 겨울에, 아니 한여름과 추석을 지나고 계속 여름에도, 우리가 워크숍을 아마 안산에서 했을 거예요, [경기도]미술관에서. 그래서 "안산을 이렇게 등한시하면 안 된다. 우리가 바깥쪽에만 이렇게 도는데 안산에는 너무 사람들이 모르고 있다. 왜 여기서 몰라야 되냐". 그런데 부모들이 다 아파했어요. 그리고 그때는 바깥에 간담회고 뭐고 너무 다니는 일정들이 많아 가지고….

　　너무 아파해서 제가 2014년 11월 달엔가? 저희 동네에서 거의 17년을 반장을 했기 때문에 통장님을 찾아갔어요. 그때 관리비도 제가 걷

호성 엄마 정부자

어서 드려야 되는데, 관리비도 많이 밀리고 그런 차원에서 용기를 내서 갔더니, 빨리 그분도 "[생명안전공원을 위한] 삽질을 해야 되는데 너무 안타깝다. 근데 지금 현실에는 너무 세월호 유가족들이 높은 사람들만 만나러 다닌다고 안산에 이렇게 소문이 났다. 여기 안산 시민들도 너무 아프고 그러는데 여기는 등한시하고 왜 이렇게 돌아다니냐?" 그래서 "한번 그 간담회 자리를 마련해 달라"고 했어요.

면담자   안산 안에서요?

호성 엄마   네, 네. 그니까 우리 동네 통반장들, 그니까 통장님하고 반장님들이 많잖아요. "[안산에서] 간담회 자리를 만들어주세요" 하니까 언제 오라고. 그때 회의를, 우리가 반상회가 있어요, 회의를 할 테니까 언제 오라 그래 가지고 갔는데요. 네, 딱 갔는데 7개인가 질문을 적어놨더라고요. "안녕하세요" 하고 갔는데…. 저는 동네 분들만 봐도, 반장들만 봐도 내 인생이 서러워서 그때는 그냥 눈물만 쏟아지는 거예요. 그분들 얼굴조차 똑바로 못 보겠는 거예요. '내 자식이 없는데, 저 엄마가 뭘 이렇게 나서나'. 그 낯선 시선들이 너무 싫었는데…….

거기에서 통장님이 하는 말이, 질문이 꽤 많았던 거 같아요, 써가지고. "네, 반장님". 이제 자기는 중간 역할을 해준다고 하는데, "왜 반장님, 안산에서는 우리 동네에서는 이런 소문이 돌아요. 질문을 해도 됩니까?" 그러는 거예요. 그래 가지고 써가지고 질문을 하는데, "애들이 수학여행을 갔는데 놀러 간 건데 왜 이렇게 난리냐". 내[본인] 말이 아니라, 이분들이, 이쪽 분들이 주위에서 궁금해한대요. "수학여행을 갔는데 왜 이렇게 부모들이 여기저기 돌아다니면서 이렇게 난리를 치느냐. 그라고 천안함 때보다 보상을 더 받으면 안 된다. 그라고 이사를 갔는데 누구는 집을 리모델링을 다 하고 있다. 집들을 다 고치고 하고 있는데 그것도 꼴 뵈기 싫다". 그니까 동네에 유가족이 있는 거예요. 그런데 "가구 같은 거 버리고 집을 고치고 있다, 이 정신에".

그러면서 여러 가지를, 제가 생각하는 게 아니라, 그때는 그 말만 딱 듣는 순간, '왜 수학여행을 갔는데, 천안함 때부터?' 그 순간에 나도 모르게 소리를 질렀던 것 같아요. "아이들이 아침저녁으로 학교 가고, 오고 가며 했을 텐데, 그 아이들의 동네 사람 맞냐!"고 소리를 지르고 거기에서 통곡을 하고 울었던 거 같아요. 그랬더니 그쪽, 5반 반장께서 하는 소리가, 나한테 미쳤대요. "정신 똑바로 차리고, [유가족들이] 밖에 나가서 다른 사람이 오냐오냐하니까 [그러는데], 그런 말을 듣지 말고 우리 같은 사람 말도 들으라"고. "정신 똑바로 차리고 들으라"고. 〈비공개〉

그러면서 해도 해도 너무한다, 내가 아침저녁으로 쓰레기 버리면서 얼굴 마주하고 웃던 사람이, 내가 여기에서 몇 년을 살았는데 이런 말씀을 하시는지. 진짜 그때는 '야, 무슨 사람들이 이러지?' [하는] 이 서러움이 [들어서] 그래서 거기서 막 소리소리를, 바닥에서 울다가…. 다른 반장들은 여자분들은 고개 숙이고 말도 안 하고, 그분은 나하고 얼굴 맞대고 싸우다시피 하다가 화장실에 가서 엉엉 울다가 〈비공개〉 그러고 나서 이게 오기가 생기더라고요. '어후, 내가 이렇게 안산을 떠나버리면 안 되지. 내 자식 고향이고 내 청춘을 다 바쳤던 곳인데'. 그래서 1주기 되고 서서히 안산으로 들어오게 됐어요.

그래서 2015년도는 예은이 엄마랑 안산 팀을 꾸려가지고, '안산을 이렇게 알리면[알고 있게 놔두면] 안 되겠더라'고 생각을 해서. 바깥에는 소리를 지르고 "무슨 국가가 이래?"라고 했지만, 안산에는 초창기부터 우리가 바깥에 팽목에 있을 때 도와주신 분들이 많잖아요. 상비 역할을 해주셨기 때문에 다시 고개를 숙이고 "첨에 너무 감사했다". 근데 우리는 지금 조금 아픈 것도 표현하고, 그렇게 했는데 이분들이 간담회가 이루어지지 않았어요. 우리는 마음을 숨기는 교육을 했던 거 같아요.

이쪽에서는 울분을 토했지만은 안산에서는 '이러면 안 되겠다'고 다녔는데도 간담회를 해본 결과 맨날 똑같은 분이 오셨어요. 우리 곁에 항상, 광화문 가면 광화문에 있고, 지방에 가면 지방에 있는 그분들이 계속 그 단체들이 와가지고 있을 때, 내가 울고 그분이 울고 맨날 똑같은 분들이 마주 보고 울고, 그래서 2015년도는 그렇게 돌아다니고 2016년도에는 '내가 무엇을 할 수 있을까? 이제는 분과를 들어가야 되겠다. 그래서 안산을 더 알려야 되겠다'.

면담자 　안산에 살면서 반장으로 계속 오랫동안 봉사하고 같이 만났던 분들이 그렇게 말씀하실 때, 정말 저라도 가슴이 무너지고 믿기가 힘들었을 것 같아요. 이제 2년 가깝게 흘러가고 있잖아요. 그러한 안산 시민들의 태도에 대해 지금은 어떻게 정리를 하고 계시나요?

호성 엄마 　지금은 추모분과에 들어와 가지고 팀장으로 있으면서요, 추모분과가 조금 전에 공청회도 있고 돌아다니고. 제가 2014년 11월 달부터 [추모분과에] 들어와서 이렇게 활동을 하면서 바깥에 간담회도 하면서 [지냈어요]. 이렇게 보면서 "여기도[안산도] 아프다"던 분들이 많았어요, 2015년도에. 말을 많이 듣는 계기가 됐던 거예요. [간담회에서 만난] 이분도 "안산도 아프다. 다 어디[든지] 가면 아프다 그러는데, 유가족들이 아프다고 징징거리면, 이분들은 마음은 아프지만 자기가 아프니까 어떻게 해결을 해줄 수가 없으니까 그냥 외면해 버리고 만다. 그걸 보면 유가족이 상처를 받고"라고 말씀하시더라구요].

그래서 지금 같은 경우에는, 아직까지는 100프로, 100프로도 아니고 10프로도 이해를 못 하지만, 솔직하게 말하면 내 마음속에는 [목표가] 우리 아이들 빨리 한곳에 모아놓는 거예요. 한곳에서 편안하게 잠들게, 진짜 편안하게. 억울한, 마지막에 이렇게 힘들게 갔지만 편안하게 잠들게 하기 위한 목표가 있기 때문에. 지금 보고 따뜻하게 손잡아주시는 분들도 많지만, 어떤 분들은 그 얼굴서부터 표가 나거든요. 근데 고개 숙이고 모든 행사에는 다 쫓아다니고 있어요.

우리가 추모[분과 유가족들]하고 여기 쪽에 [4·16]공방에서 엄마들이 몇몇이 가면, 초창기에는 우리 추모분과장하고 저하고 순범 어머니하고, 우리 추모분과장 성빈이 아버님하고 우리 셋이 팸플릿을 [봤는데] 이게 밖에 붙여져 있더라고요. 어디 행사 노인회 축제라든가 마을 축제 그렇게 있어서 전화를 했어요. "유가족인데 거기 가도 돼요? 추모분과장님이 계셔서 저희가 떡 해가지고 가려고 그래요. 가도 돼요?" 그러니까 "오시라" 그러더라고요, 오라고. 노란 조끼를 입고 우리는 알리겠다고 갔는데 표정들이, 무슨 이런 표정 있죠. 앉아가지고 "밥 먹으라"고 하고 그래서 "저희 떡 가져왔는데 부스에 돌리고 싶다" 그랬더니, 그것은 저희들한테만[자기들한테만] 시키래. "무슨 그런 일까지 하시려고 그러냐"고. 저희가 "이거 먹으러 온 게 아니라 진짜 봉사하러 왔어요. 저희가 유가족이 왔다고 어르신들께 인사드리고 싶어요" 그랬더니, "어유, 아니"라고. "그럼 소개 좀 시켜주라"고. 거기 통반장님들이 솔직히 말해서 그러거든요, 선뜻 나서지를 않으셔서. "그럼 소개 좀 시켜주세요"[라고 말했는데] 그것도 꺼려하시더라고요, 그래서 여기까지 왔는데, 점심시간에 어느 정도 맞춰가지고 떡을 가져가면서 "세월호 유가족입니다. 세월호 유가족 엄마들이 봉사하러 왔어요" 그러니까 할머님들이 다 손을 붙잡아 주시더라고요. "떡 더 줘" 그래서 "네, 봉사 나왔습니다" [했더니] "뭐 이런 일까지 해?" [하시더라고요]. "아닙니다. 우리 원래가 이런 일 하고 살은 엄마들입니다. 봉사 나왔어요. 뭐든지 시켜만 주세요". 그래서 그런 계기로, 그리고 나니깐 거기 통장님이, 만나고 갈 때는 "다음에 또 봅시다" 하고 웃었어요.

그 후로는 길거리에 가면 우리 피해 지역, 네 개의 지역이 있죠. 원래는 세 개 동인데 초지동까지 네 개 동에 무슨 행사가 있으면 길 가다가 행사만 있으면 전화해서 "여기 가도 돼요? 저희 봉사 가려고요. 떡 해가지고 갈게요. 몇 명이, 몇 분이 오세요?" 그럼 그 행사 때마다 떡을 맞춰가지고, 몇 시에 가서 [했어요]. 그런데 고잔동이, 고잔초등학교, 우리 동네가 이렇게 힘들더라고요, 힘들어서.

면담자   아는 분들이라 더 그렇죠.

호성 엄마   네, 그쪽에 재건축한다고 이사를 갔는데도(한숨). 나는 진짜 '우리 엄마들한테 이런 거까지', 내가 앞장서서 하지만 '이런 거까지 시켜야 되나' [하는 생각이 들었어요]. 떡을 여섯, 일곱 박스 들어가면 이걸 하나씩 다 들고, "인사시켜 주세요" 졸졸 쫓아다니고. 그럼 그 분도 난처해 가지고 "아유 조금만 기다리세요", 그럼 엄마들이 이방인이 돼가지고 한쪽에 조끼 입고 그냥 서 있고, 옆에서 게임하면 박수 그냥 치고. 시장님 오면 얼굴 한번 도장 찍을라고 쫓아가서 "시장님, 시장님" 그러고. 국회의원 가면 고개 숙이고 "잘 부탁드립니다, 네". 그라고 나서 앞에 "우리가 떡 해가지고 갔어요" 그러면 "시간이 안 되니까 안 된다"고 그러면 "그럼 인사 좀, 소개시켜 주세요" 그래서 고잔동에 사회자가 앞에 나오라 그래서 인사를 시켜주더라고요. 그래서 "네, 우리도 주민입니다. 이 동네 살았던 주민입니다. 살고 싶습니다. 그라고 우리 봉사 나왔으니까 다른 이런 행사 있으면 불러주세요". 그라고 지금 계속 여섯, 일곱 군데를 다니고 있어요.

면담자　　　네 군덴가, 다섯 군데로 아이들이 떨어져 있죠?

호성 엄마　　저는 네 군데로 알고 있는데 이번에 동영상 찍다 보니까 여덟 군데라 그러더라고요, 아이들이 [안치된 곳이]. 하늘공원 같은 경우에도 수현이 아버님 같은 경우 우리 수현이 집으로 데리고 갔고, 본인이 선산이 있는 곳은 그쪽에. 개인적으로 시간이 조금 흐름에 따라서 가까이 두고 싶어 해서 애를 데리고 간 분도 많은 거 같아요. 여덟 곳이라고 그러더라고요.

4
4·16 이전의 삶

면담자　　　다른 질문을 드릴게요. 4·16 참사 이전의 삶에 대해서 제가 몇 가지 여쭤보겠습니다. 어디서 태어나시고, 언제부터 안산에 살게 되셨는지, 유년 시절부터 간단하게 이야기해 주세요.

호성 엄마   저는 전남 고흥, 고흥에서 조금 더 들어가면, 아직 어릴 때 나왔기 때문에, 그 섬마을에서 태어났어요. 섬마을에서 딸만 넷입니다, 딸만 넷이고. 아버님이 제가 뱃속에 있을 때 돌아가서 가지고 아버님 얼굴을 못 봤고요. 우리 외할머니가 시어머니를 모시고 딸 넷을 키우고 살게 하고 싶지가 않으셨나 봐요, 우리 엄마를. 그래서 다른 데로 재혼을 시키셨어요. 그래서 우리 엄마는 재혼을 해서 아들, 딸 그쪽에 [낳고, 거기에서 살게] 하고. 저 같은 경우에는 언니들이, 언니 셋에 할머니랑 그렇게 살았죠. 그렇게 살다가 초등학교 1, 2학년 땐가 이쪽으로 올라왔어요, 수원 쪽으로.

면담자   할머니랑 언니들이랑 다 같이 올라오셨나요?

호성 엄마   네, 네, 그렇게 올라왔었고. 그니까 뭐라고 할까요…. 나의 유년 시절은 많이, 나의 마음속에는 하고 싶은 게 많으나 많이 참고 살았던 그런 계기인 거 같아요. 많이 참았고, 우리 언니들도 그런 인생을 살았기 때문에 그냥 당연히 그런가 보다….

면담자   외할머니께서 일을 하셔서….

호성 엄마   아니요, 우리 친할머니께서 그러신 거죠. 그리고 엄마가 가끔가다가 생활비를 쪼끔, 쪼끔은 한 거[보탠 거] 같아요, 나중에 안 일이었지만. 그래서 언니들은 엄마를 많이 이해했는데, 저는 엄마한테 항상 1년에 한두 번 보면, 그래도 얼굴 보겠다고 찾아오면 포악을 많이 했어요. 그래서 엄마한테 한번은 방학 때 가면 그래도 [재혼해서도] 부부 싸움이라는 걸 할 거 아니에요. 그랬을 때 보면 엄마한테 집에 돌아오면서 [한 말이] 딱 한마디가 있었죠. "이럴라고 우리 버리

27
•

고 갔어?" [제가] 그런 아이였답니다. "잘 살아. 이럴라고 우리 버리고 간 거야? 이 모습 보여줄라고?" 근데 그게 내 자식을 낳고 나서 마음이 너무 아팠어요. 그리고 엄마가 시골에서 이것저것 싸주면 팽개쳐 버렸어요.

면담자   어머니하고는 몇 살까지 기억이 나세요?

호성 엄마   저는 아주 어렸을 때 헤어진 거 같아요, 엄마랑. 그런데 엄마랑 아주 어렸을 때 헤어졌고, 그 기억이 몇 살 땐가요? 그래도 걸어 다니고 엄마라는 그게[인식이] 있으니까. 어디 가면 시골에 배를 타고, 그때는 배를 타고, 시간별로 배를 타고 들어왔어야 했으니까 내가 밖에서 놀고 있으면 동네 분들이 그랬어요. "아야, 니 엄마 왔는데 얼굴 봤냐?"고.

면담자   어머니가 육지 쪽으로 재가하셨군요?

호성 엄마   네, 네. 엄마는 고흥이라는 시내 쪽으로 갔고 저는 섬마을에 살았는데, "엄마 왔었는데 엄마 봤니?" 그러면 내가 집에 뛰어가 버리면[보면] 없어요. 그럼 뛰어가서 그 배만 쳐다보고 울었던 기억이 나요. 그래서 상경하면서 엄마한테 그런 말을 했던 거 같아요.

　엄마도 살다 보면 힘든 시기가 있을 거고. 그 철없을 때는 그냥 방학만 하면 엄마 집에 가고 싶은 거예요. 그런데 생각해 보면 그분도 그렇게 좋아하지는 않았을 것 같은데…. [엄마는 섬마을에 남은] 그 딸들이 안쓰러워서 시장, 고흥 장터가 열리잖아요. 그라믄 시골에서 섬마을에서 장을 보러 [고흥 장터로] 온다든가 뭘 팔러 온다든가 [하는 분이 있을 거 아니예요] 그러면 그분한테 돈을 조금 보내서 [우리에게 보내]

준다든가 그런 역할을 했던 거 같은데. 지금 보면 재혼을 해서 사는 우리 아버지라는, 새아버지라는 입장에서는 별로 좋지가 않죠. 여기 와서도 항상 마음은 그렇게 있다라는 게.

근데 내가 자식을 낳고 일을 했지만, 성장할수록 삐딱했죠. 그런 모습을 보면 "이럴라고? 잘 살아. 이럴려고 우리 버리고 결혼했어? 잘 살으라고". 그래서 언니랑 살면서 주위에 지금 살아보면, '주위에 참 좋은 분들을 많이 만났다'라고 생각을 해요. 저도 중학교를 나왔고, 형편이 그러니까 야간 고등학교를 나오면서 생활을 했었어요. 그 캠브리지라고 안양에 남성복을 만드는 회사에, 그 안에가 학교가 있고 일을 하면서 그렇게 지냈었고. 거기에 위에 과장님인지 팀장님인지 모르지마는 서울 쪽에 개발실로 연결을 해줬어요. 그래서 그 개발실에는 어느 정도의 일하시는 분들 중간에 [있으면서] 심부름을, 공장에도 가서 뭣도 전달해 주고 그런 역할을 하다가, 이 마음속에는 결혼이라는 [것에 대한] 그 불신이 많았어요. '결혼하고 싶지 않아. 나는 내 멋대로 살 거야'. 그래서 아가씨 때는 산악회도 [나가고], 활동적이었던 것 같아요. 산악회도 가고 진짜 볼링도 해보고 많이 활동을 하고 했는데, 항상 허전한 그거 있잖아요. 무슨 명절 때가 되고 하면 다른 사람들은 가족을 찾아 이렇게 간다 했을 때 뭔가가 허전해요.

면담자   언니들이나 할머니하고 계속 같이 사셨어요?

호성 엄마   아니요, 아니요. 우리 할머니는 인자 돌아가셨고, 우리 큰언니도 결혼을 한 상태고, 우리 작은언니도 시골 오빠하고 결혼해 가지고 이렇게 했기[있었기] 때문에….

면담자   서로 연락을 자주 하는 상황은 아니었군요.

호성 엄마   네. 가야 만날 수 있지만, 명절 때 같으면 시댁 챙겨야 되고 하는 상황이니까. 그래서 다른 사람[들은 고향으로] 다 갔지만 저는 혼자 기숙사에 있다든가 그렇게 보냈던 거 같아요. 그러다가 27살에 '안산산악회'라는 거를 통해서 우리 애 아빠를 만났어요. 〈비공개〉

면담자   그럼 호성이를 낳으신 게 결혼한 지 몇 년쯤 지나서 인가요?

호성 엄마   호성이가 우리 큰애하고 7살 차이나구요. 내가 [19]98년도에, 94년도에 여기 왔었고요.

면담자   그럼 결혼은 몇 년도에 하신 거예요?

호성 엄마   결혼도 우리 아이 낳고 호성이 유치원 땐가? 절에 가서 했어요.

면담자   그럼 그 전에는 그냥 애기 키우면서 같이 사시고. (호성 엄마 : 네) 그리고 호성이도 낳으셨군요.

호성 엄마   호성이 낳고. 호성이가 사진 보면은 유치원, 어린이집 다닐 때인 거 같아요. 거기서도 절에서 한복 입고 있는데 엄마 옆에서 꼭 붙어 있는 거 보면.

면담자   혼인신고 같은 것도 동사무소에서 안 하시고요?

호성 엄마   아니요. 혼인신고는 늦게라도 했죠, 혼인신고는 하고.

면담자   결혼식을 나중에 하신 거군요.

호성 엄마 정부자

호성 엄마   네. [결혼]식은 애들 다 크고 주위에서 하도 우리 언니라
든가 "왜 안 하냐, 뭐 하냐". 그러니까 형편이 그때는 그랬어요, 무슨
결혼식. 그것도 아까웠어요, 돈 쓰는 게. 그러면(한숨), "그 소리도 너
무 듣기 싫다", 그러면 "절에 가서 하자". 그래 가지고 얼떨결에 책자
있죠? 전화[번호]부 보고 거기서 "결혼식 해주나요?" 그래서 찾아가서
그 스님하고 연결이, 인연이 돼서 지금까지도 만나고 있는데요. 저한
테는 그게 별로 중하지 않더라고요. 왜 우리가 열심히 모은, 그 돈도
아까워 가지고.

면담자   호성이를 낳고 나서는 생각이 바뀌셨나요?

호성 엄마   그럼요. '내가 올바른 길로 살아야 되겠다'는 게 바뀌었
죠. 그리고 '우리 큰아들한테 더 잘해야 되겠다'는 생각이 들었죠. 〈비
공개〉

    [호성이가 태어나서] '야, 이런 아이를 나한테 선물로 줬네'. 애가 그
렇게 까다롭지가 않았어요. 어릴 때도 너무 우량아로도 태어났고. 이
틀 만에 고개를 막 이라고[가누고], 우유병을 주면 지가 걍 물고 자다
가, 찾아가지고 물고 자다가 그거 질질 흘리고 그래도. 애는 너무 편
하게 순하게 키우고. 그니까 내 생각인지는 몰라도 애가 나를 보호를
하고 있다는 생각이 들었어요. 어릴 때도 자고 있으면 조그만 애가 나
를 팔베개를 이렇게 목을 끌어안고 자니까. 애 아빠가 "어떻게 자는
모습까지 똑같애?" 그러면 되게 흐뭇해하고. 그럼 여기서, 우리 애 아
빠가 아무리 기분파여서 돈을 팍팍 쓰고 돌아다녀도 "그래 여가[여기
가] 내 뿌리야. 이런 아이를 줘서 감사합니다". 그래서 그렇게 열심히
는 다니지 않았지만 직장생활을 하면서, 반나절 직장생활을 하면서

절에 가서 항상 "잘되게 해주세요".

근데 이게, 근데 이게 있었던 거 같아요. 마음속에는 너무 아끼다 보니까 사라질까 봐, 어디 다칠까 봐 항상 조바심. 우리 호성이를 보면 그 조바심이 있었던 거 같아요. '어? 나한테도 이런 게 있네'. 근데 항상 뭔가가, 늦게 오면 불안하고 그랬는데. 근데 저는 애한테 대놓고 사랑을 표현을 못 했어요. 우리 큰애가 내 인생 같았다 그랬잖아요. 우리 큰애가 내 인생 같아서 걔한테는 교육 쪽으로나 돈 쪽으로는 다 했던 거 같아요. 내가 그것을 못 받고 살았기 때문에. 〈비공개〉

면담자　　　가족 이야기는 이제 많이 해주셨는데 실제로 어머님도 일을 계속하셨잖아요? (호성 엄마 : 네, 네) 그러면 결혼하고 처음에는 캠브리지에서 일을 하셨고, 그다음에도 일을 계속하셨는지 아니면 전업주부로 계신 적도 있었는지요? 그리고 매일매일의 삶이 어떠셨나요? 예를 들어서 출근하고, 집안일도 포함해서 어떻게 살아오셨는지에 관해서 말씀해 주세요.

호성 엄마　　　그니까 호성이 태어나기 전까지는 안산에 와서 우리 큰애, 태권도 그쪽에 보내면서 그 밑에다가 분식집[을 차려서], 짧은 시간에 일하고…. 뭔가를 했어야 됐어요, 어머니하고 아예 빈손으로 나왔기 때문에. 애 아빠 얼굴을 보면 그렇고[안쓰럽고] 어머니도 어느 정도 생활비를 조금이라도, 생활비가 아니고 용돈을 드려야 되기 때문에 [돈이 필요했어요]. 애 보내놓고 애 아빠는 "애만 똑바로 보라" 그러는데 그런 현실이 아니었어요, 돈을 쓰는 사람은. 부업도 했었던 거 같아요, 부업도 하고. 거의 주로 식당 아르바이트를 많이 했었죠.

면담자	주방 보조 같은 거요?

호성 엄마   네, 네. 식당, 집 가까운 [곳] 위주로 돌아다니면서 그걸 하다가 호성이가 태어나고. 그래도 어느 정도로 클 때까지는 직장생활을 못 하다가. 그래서 항상 생활에 쪼들렸어요, 생활에 쪼들려서…….

면담자   그때도 아버님은 계속 페인트 회사에 계셨나요?

호성 엄마   네, 네. 일은 계속했었으나, 뭐라 그럴까요? 그 월급을 타서 우리도 먹고살아야 되고, 어머니도 일부 드려야 되고…. 〈비공개〉

면담자   어머님이 몇 년도에 돌아가신 건가요?

호성 엄마   그것도 기억도 안 나네요.

면담자   호성이가 몇 학년이었어요?

호성 엄마   호성이가 중학교 2, 3학년 땐가? 하고 나니까 돈이 안나가니까 어느 정도는 모이게 되고. 애 아빠도 거의 20년이, 지금까지 23년이거든요. 생활이, 그래도 둘이 합쳐가지고 연봉이 그래도 꽤 됐던 거 같아요. 학자금까지 100프로까지 다 나왔으니까. 그래서 호성이 하는 말이 "요즘에는 우리 집이 조금 행복해 보여", "우리 엄마가 좀 편해 보여". 일하고 와서 어머니[할머니] 집으로 왔다 갔다 하는데, "지금은 우리 엄마가 조금 편해 보여, 행복해". 그래서 애를 보내놓고 '내가 더 불행했어야 되는데' 그런 생각도 했어요, 그래서(한숨). 고생했더니 직장도 좋은 직장 얻고 좋은 분도 또 만나고.

면담자   그럼 규모가 있는 식당에 계속 출퇴근하신 건가요?

호성 엄마   아니요, 직원은 한 30명? 35명 정도 되는데, 외국 전자 연구소 같은 거였어요. 일본계 연구소였는데 혼자서 그냥 다 했죠.

면담자   식당 일을 다 책임지고 하신 거군요. 보조하는 분들은 몇 분 있고요?

호성 엄마   없었어요, 그니까 혼자서. 식판에다가 다 갖다 먹고 그냥 그러니까, 하도 그런 일을 해서 그런지 별로 [힘들지 않았어요]. 배식 이렇게 쫙 해놓으면 알아서 다 갖다 국이랑 다 떠서 드시니까. 그래서 오히려 시간이 10시에 갔다가 2시에 오니까, 애 오면 내 할 일을 하고. 금액도 그때는 110만 원, 5일 근무에 120만 원 이렇게 주고 그러니까. 그 전에는 몇 시간을, 8시간, 10시간을 해도 수입이 그랬었잖아요, 보조했을 때는. 근데 시간상으로라든가 모든 게 내 자유 시간이 있었죠.

면담자   일하러 갔다 집에 오시면 2, 3시쯤 되는데 그다음에는 어떤 일을 하셨어요?

호성 엄마   2, 3시 되면 혼자 [그동안] 못 해본 거, 드라마를 본다든가 커피를 마시고…. 애 아빠 올 때까지는 널브러져 있었어요. 그 시간이 제일 좋았어요. 그리고 애 아빠 오면 한 4시쯤에나, 아니 5시 반, 6시쯤 오면 그때 옆에 마트에 가서 시장도 봐서 저녁 준비하고 그런 시간이었죠.

면담자   주말엔 주로 어떻게 보내셨나요?

호성 엄마   주말은 나의 몸은 다 호성이 아빠 거였어요. 주말이면 마누라를 데리고 중앙동에 새벽에, 토요일 날 새벽만 되면 한 2, 3시에 사골국 먹으러 가자고. 그라면 가면 거기서 술 먹고 대화하고 이런 걸 좋아해요, 나는 너무 피곤하고 싫고. 근데 애 아빠는 뭔가를 끊임없이 얘기하고, 어쩔 때는 나한테 [질문을 하고서는 그 대답을] 듣고 싶어 하고 내가 말 안 하면 나하고 "대화하기 답답하다" 그러고. 근데 다른 사람이 봤을 때는 그게 너무⋯. (면담자 : 부러워하는 분들도 있었겠네요) 부러운 분들, 부러운 사람도 있었지만. 우리 호성이는 "우리 엄마 저러면, 아우, 너무 시달린다" [그랬어요]. 그래서 한번은 애 아빠랑 대화를 하고 있는데, 그때 내가 몸이 안 좋아서 고개를 숙이고 [있었더니] 울고 있는 거 같은 느낌이 들었나 봐요. 그래서 이라고 있는데 애가 와가지고, 학교 갔다 오더니 와서 나 고개를 이렇게 딱 얼굴을 손으로 이렇게[손으로 고개를 들게] 하는 거예요. 그래서 "왜?" 그랬더니 "엄마 우는 줄 알고" [그러더라구요]. 그래서 애 아빠가 그거를 보고 기분이 되게 나빠서 "저놈의 새끼" 막 욕을 하더라고요. 그니까 자기도 모르게 나오는 행동인 거예요. 그니까 아빠가 욕을 하니까 '뭐지?' [하는 표정이더라구요]. 그래서 내가 다음에 "왜 그랬어?" 그랬더니 "응, 엄마 싸우는 줄 알고, 엄마 우는 줄 알고 나도 모르게 그렇게 했어. 근데 아빠가 봤을 때는 기분이 나빴나 보다" 그런 거였어요.

5
호성이의 양육 과정

면담자　　특별히 아이를 키우면서 중요하게 생각했던 것은 어떤 건가요? '엄마는 네가 이런 아이가, 아니면 이런 어른이 됐으면 좋겠다'고 특별히 신경 썼던 부분이 있으셨나요?

호성 엄마   일단은 학교를 가고 그러면 "힘센 사람한테 기죽지 말아"라고 그랬어요. "야, 너 가서 애들 괴롭히지 마"[라고도 했죠]. 우리 호성이를 합기도를 가르쳐서 합기도 3단이었거든요. 그래서 너 그거 가지고 [애들 괴롭히지 말라고 했죠]. 근데 중학교 2학년쯤 되니까 애가 걸음걸이도 껀들껀들하면서 멋 내기 시작하더라고요. 그래서 항상 나는 얘기하듯이 "남자는 머릿속에 들은 게 있어야지 허세 거시기 하면 그건 멋없는 남자야. 무조건 남자는 머릿속에 든 게 있어야 돼" 그걸 주장했는데, 애가 갑자기 춤을 배운다고 거울을 보고 연습을 하고 껀들껀들하길래, 그때는 2학년이 그런지도, 사춘기도 모르고 "저거 뭐야?" 한번은 했더니[나무랐더니] "엄마, 아니야"[라고 하더라구요].

너무 내가, 우리 스님이 말하는데 애를 잡더래요. "요즘 애들 같은 경우에 무시렁 엄마한테 존댓말을 꼬박꼬박 하냐. 애를 어떻게 했길래 애가 엄마한테 부자연스럽게 존댓말을 그렇게 하냐". 그니까 너무 애를 "이러면 안 돼, 저러면 안 돼" [통제했나 봐요]. 밖에 나가면 진짜 "약한 사람한테는 그러면 안 돼. 니 운동 배웠다고 껀들껀들해 가지고 그런 나쁜 짓 하지 마"[라고 했구요]. "일단은 큰소리치는 사람하고, 센 사람한테는 그 사람들은[한테는] 고개 푹 숙이고, 약한 몸 아픈 사람 그런 사람들 괴롭히는 그건 진짜 나쁜 짓이다" 그런 말을 많이 했던 거 같은데……. 그래서 애가 심성이, 고등학교 들어가서…. 중학교 때는 별로 공부 이렇게 없었어요[공부를 안 했어요]. 근데 고등학교 들어가서 '공부를 해야 되겠다'[고 생각하게 된 것 같아요]. 중학교 3학년 땐가, 중학교 때 이게 생각이 조금 바뀌더라고요. "어떻게 할까?" 그래서 우리 절에 다니는 그쪽 분[신도]의 아들을 과외 선생님으로 해줬더니 그[분한테 배운 것이] 도움이 많이 됐던 거 같아요.

면담자　　　세상 돌아가는 거라든지 정치적인 이슈들이 있잖아요. 그런 것들에 대해서는 그 당시에 어떠한 생각을 가지고 계셨는지요?

호성 엄마　　　4·16 이전은, 그냥 내 삶에 파묻혀서 살았던 거 같아요. 근데 잠깐의, 어머니 돌아가시고 잠깐의 몇 년 그사이에, 거의 3년인가 2년인가요? 잠깐 사이에 이제는 어디 나갈 돈도 없고 [하니까] '돈 모아지고 노후 대책만 하면 되겠다'라는 생각이었고.

　　그 전에는 이 사회에, 그래도 내 생각에는, 그렇게 애 아빠가 이렇게 돌아가는 얘기를, 대화를 항상 많이 했던 사람이기 때문에 뭐라고 할까요? 이 사회는 잘 돌아가고 있는데[있으니까] '우리가 배워야 된다'라는 생각에 많이 잡혀 있었어요. 그래서 애한테 "남자는 머릿속에 들은 게 많아야 된다"라고 그럼, '성실하게 남을 배려하고 그것만 있으면 어느 정도는 성공하지 않을까'라는 생각을 하게 됐는데…. 애 아빠는 그거죠, 우리 큰애한테도 자꾸 심어주는 게 "우리가 나중에 회사를 다니다 보니까 우리가 나중에 우리 돈으로 우리 밑에 아들 세대를 먹여 살려야 하는 세대가 온다. 그런 세대가 오면 앞으로는 내가 이 직장을 다녀야 되나, 말아야 되나". 그것을 아무래도 연봉 책정했을 때, 대화를 그런 얘기를 많이 했어요. 그런 대화를 많이 하고. "내가 지금 학자금까지 해가지고 연봉이 거의 6000이 넘는데, 이 6000을 다 주겠느냐. 요즘에 기계화가 컴퓨터로, 로보트[로봇]로 기계화가 다 돼버리고 마는데 회사 측에서 나한테 계속 그런 돈을 주면서 [일을 하게] 하겠느냐. 조만간에 [상황이 변화해서] 어느 정도는 내가 이 회사를 다니는 것에[기간이] 연장은 되데, 금액을 깎아가지고 사람을 써야 된다. 그런 시대가 오는데, 이 시대가. 이 애들이 너무, 우리 ○○이 세대는 그렇다 치지만 우리 호성이 세대가 IMF 세대에서 태어난 아이들인데, 저 아이들이 우리를 먹여 살릴 수도 있다"고 그래서 노후 대책을 하게 된 거예요.

그러면 쟤네들이 직장, 그런 얘기를 하면 호성이도 "내가 직장을 구할 수 있겠어?"라는 그런 [얘기도 하고 그랬어요]. 얘도 그런 얘기를, 한참 고등학교 1, 2학년 때는 자기 직업에 대해서 어디도 갔다 오고, 와서 설명도 해주고, 선생님들이 설명도 하고 그러나 봐요. 그런 얘기는 애 아빠가 그런 쪽으로 많이 틔었어요. 그런 얘기는 수시로 들었는데, 내가 "아우, 나는 우리 가족만 챙기면 돼. 우리 애들만 챙기면 되고 자기 직장 승진하고" 그러면 애 아빠한테 항상 혼났거든요. "저렇게 모르는 아줌마가"[라고 핀잔 듣곤 했죠].

나는 직장 가서, 직장 가서 나 월급 준 사장님한테 깔끔하게 해주고, 직원들 밥 맛나게 해서 집밥처럼 해주고, 그 나 의무에 충실하고. 내 새끼 학교에 가서 말썽 안 피우고, 공부만 좀 더 잘해주면 나의 기쁨이고. 친구들, 진짜 운동했다고 친구 괴롭히지 않고.

우리 큰아들은 꽁해가지고 상처받을까 봐 항상 걱정이었어요(한숨). 내가 무슨 말을 하면 그래도 이게 아무리 내색을 안 한다 해도 내색이 되겠죠. 와서 쪼그마한 애는 쫑알쫑알대고 안마해 주고 그러는데, 그래 이러는데, 걔가 보면 상처 안 받겠어요? 자기는 그런 성격도 아닌데. 그러면서 '쟤가 마음이 넓었으면, 마음에 이런 병이 없었으면' 항상 그런 거에 [몰두했었죠]. 솔직히 말해서 내 가정이 [관심의 전부이]고, TV 보면 "아유, 저거 어떡해. 저렇게 애들 다 키워놓고 저 부모 어떡하냐", 안쓰러운 [마음은] 그때뿐인 거예요. 그렇게 해서 애한테도 "너만 잘하면 되는 거야. 각자 내 집안만 잘 관리하고, 대한민국이 그러면 아무 문제없어. 가정부터가 이렇게 문제가 되니까 문제가 생기는 거야"라고만 얘기를 했지 나설 생각도 없었어요. 솔직히 말해서 나설 여유도 없었고, 그런 주변머리도 되지도 않았고요. 어떻게 도와야 되는지도 모르고, 도와야 되는지 알아도…. 가끔가다 그것은 했었네요, 3만 원씩 불우이웃 계좌로 [기부]해 달라는 그것이 다였어요, 그게.

면담자 　　　투표는 꼬박꼬박 하셨었나요?

호성 엄마 　　　네, 네.

면담자 　　　그것도 아버님하고 같이하셨어요?

호성 엄마 　　　아니요. 저희 애 아빠는 입으로는 엄청 똑똑한데…. 저는 반장을 하면서 "여기 우리 지역에 어떤 분이 좋다더라" [하는 이야기들을 들었어요]. 그런데 내 마음속에는 꼭 민주당을 찍었던 거 같애. 근데 이쪽에 재건축하고 그라면 아무래도 "박순자라든가 새누리당, 그때 한나라당인데 찍어야 된다"고 하지만. 말로는 "네" 해놓고 나도 모르게 손길은 거기 가 있었던 거 같애. 네, 손길은 거기 가 있었던 거 같애요.

면담자 　　　호성이가 단원고로 가게 된 거는 어떻게 결정된 건가요?

호성 엄마　　　일단은 집 가까운 데, 집 가까운 데. 우리 큰애도 단원고등학교를 나왔거든요. 일단은 학교는 너무 멀면 안 된다. 그리고 애가 그렇게 투철하게 그렇게 [공부]하는 것도 아니고, 그 정도 선이면 니가 열심히 하면 어느 정도는 올릴 수 있고. 초창기에는 이게 나눠져 있잖아요. 상록고랑 이쪽에 지원할 수 있는 게[조건이] 나눠져 있는데, 그쪽도 지원할 수 있었어요, 떨어질 확률은 있지만. 이런 식으로 얘기를 해가지고 집 근처를…. 이 중간 사이에 경안고등학교도 있었어요. 그래서 "경안고등학교를 가라. 엄마는 [네가] 거기를[경안고를 가서] 공부를 할 의지가 니 있다면 거기를 가도 괜찮다" 그랬더니 애가 "차별을 너무 두는 데는 싫다"[고 그랬어요].

면담자　　　그 학교가 그런가요?

호성 엄마　　　학교가 완전히 우등생은 교실이 따로 있나 봐요, 건물 자체가. 어떻게 알아봤는지 그것이 "여기에서[단원고에서] 등급 수를 올리는 게 나한테는 나을 거다". "그럼 안전빵이 어디냐? 그래도 한번 해보지" 그래 가지고 경안고를 이렇게[지원할까] 하다가 거기를[단원고가] 됐는데, 1지망으로 된 거예요, 되게 좋아했어요. 고잔초, 단원중학교, 고등학교까지 되니까. 그래서 "나는 엄마, 아무리 못해도 여기, 안산에 대학도 들어가고 싶다"고. "거기도 만만치 않다. 열심히 해봐라". 그래서 목표는 서울에 한양대를, 그 과외 선생님, 과외 형이 거기니까. 한양대를 거속[지망]하면서 거기까지 학교까지 다 둘러보고 왔더라고요. 목표는 거기를 잡는데 자기가 해보니까 자기는……. 애한테 해줄 수, 했던 게 큰애하고 작은애하고 했던 게 책을 많이 읽혀줬던 거 같아요. 이제 아이북 선생님이 일주일에 한 번씩 가져온 걸 호

호성 엄마 정부자

성이도 거의 중학교 때까지는 봤던 거 같애요.

면담자   호성이가 국어 선생님이 되고 싶어 했었죠?

호성 엄마   네, 네. 그래서 자기가 자꾸 [장래 희망을] 찾더니, 운동도 해봤는데 운동 실력이 관장님처럼 운동 실력이 안 되고. [합기도] 3단까지 했어도 이게 엉덩이가 무거워서 "어우 엄마, 약간 두려움이 없어야 되는데, 그게 있으면 안 된다" 그러더라고요. 그래서 자기가 해봤었는데 이것도 안 되고, 그렇다고 재주가 이렇게 손[재주가 있는 것도 아니고]. 저 같은 경우에는 그럼 너가 여기 공장 같은 데도 있으니까 가도 되고, 복지사가 됐으면 좋겠다는 생각을 했어요. 애가 그런 쪽에 많이 (면담자 : 사람 돕는 걸 좋아했나요?) 네, 네, 그런 것을 애가 좋아해서.

그러면 선생님은 진짜 솔직히 말해서 거슥으로[뭐랄까] 막연한 느낌이 들어서, 그래도 애한테는 말을 못 하고, 꺾일까 봐. "거기[사회복지학과]도 괜찮아" 그랬더니 (한숨) "엄마, 그럴까요? 그것도 엄청 세다 그러던데요" 그래서 "니한테는 그게 참 잘 어울리는 것 같애" 그런 얘기를 했던 것 같아요.

"그러면 목표를 가지고 [장래 희망을] 선생님으로 한번 해보고 싶어요". "왜?" [하고 물어보니까] "나는 엄마가 말 잘한다며요". "응, 너 말 참, 말하면서 설득력 있게 하더라. 너 얘기를 듣다 보면 엄마도 고개를 끄덕끄덕하게 돼. 그라고 책을 많이 읽어서 그런지 그런 게, 머릿속 구상이, 말이 좀 그렇더라고". "나는 엄마, 그거 하고 싶어. 선생이면, 일단 말 잘해야 되고 나는 말하는 데 싫증이 안 나니까". 그런 식으로 국어 선생님을 거슥[지망] 한 거예요. 그리고 1학년 때도 [담임]선생님이 국어 선생님이었는데 너무 좋았던 거예요. 그 선생님한테, 그래서 진짜 우리 아들은 열심히 했던 거 같아요. 처음에 시험을 가서 봤을 때는 거의 300명이면 거기서 몇 등을 했더라? 한 200등을 했나요. 그 정도 했으면 두 번째 시험 때는 80등까지 올렸어요, 전교[에서]. 그래서 "니 해봐라" 했어요.

면담자　　　단원고등학교가 1지망이었던 거네요. 들어가서 만족하고 공부도 잘했고요.

호성 엄마　　　네, 근데 가자마자 학교를, 첫날부터 야자를 하고 왔어요. 그래서 애 아빠가 항상 그랬죠. "쟤는 한다면 해". 그리고 살이 많이 쪘던 아인데 중학교 들어가서 저녁을 안 먹었어요, 그래서 살을 빼더라고요. 그때부터 애 아빠가 얘한테는 "쟤는 한다면 해". 살을 뺀다는 거, 밥을 좋아하는 애가 밥을 안 먹는다는 거, 전혀 일체 밥을 안 먹고 살을 빼기 시작해서.

면담자　　　투지가 있네요.

호성 엄마　　　네, 80등까지 올리, 전교 80등까지 올리더라고요. 그래서 그럼 "너는 할 수 있어"라고 자꾸 격려를 해줬죠.

6
수학여행 가기 전

면담자　　　수학여행 관련해서 질문을 할게요. 수학여행 출발 전에 어떠한 정보를 들으셨나요?

호성 엄마   한번은 애가, 경주인가요? 어딘지 모르는데 두 가지를 가지고 왔어요, 수학여행을. 두 가지를 가져와서 "엄마, 어디를 했으면 좋겠어?"[라고 물으면서] 근데 "제주도는 갔다 왔으니까 안 가고 싶다"고 그랬어요. 우리 중학교 때 친구가, 호성이 친구가 그쪽으로 아예 이사를 가서 고등학교 1학년 때 거[제주도] 가서 1주일 있다[있으면서] 지내다 왔거든요. 그래서 거기 "제주도는 안 가고 싶은데" 그래서 애 아빠가, "배를 타고 간대" 그래서, 우리가 [세월호의] 쌍둥이 배를 타고 제주도를 애 아빠가 세 번 정도 갔다 왔고, 나는 한 번을 따라갔다 왔기 때문에 "거기 불꽃놀이도 괜찮고, 괜찮아. 배타고 가는 것도 그것도 추억이 될 것 같애"[라고 이야기했어요]. 그래서 그때 경준지 설악산인지는 몰라도 "거기 가서 볼 거 있니? 차라리 거기가 더 추억을 쌓는 데는 괜찮을 거야"라고 했어요. 그랬더니 애는 진짜로 가기 싫어했어요.

그때 큰애가 대학교 들어가 가지고 대학교 들어갈 그 시기인지는 몰라도, 돈이 들어갈 시기였어요. "근데 엄마, 형 지금 [대학교] 하니라고 돈 많이 들어가는데, 나 신경 써도 돼요? 나도 옷도 사고 신발도 사고 살 게 많아요". [내가] "해줄게" [그랬어요]. 그때 마침 애 아빠가 특별 보너스가 나와서 그게 나왔으니까 "해줄게. 벌써 엄마가 돈도 거기다가 통장에 넣어놨어. 추억거리 쌓고 와. 뭘 너는 그런 걱정을 이렇게 자꾸 해. 갔다 와도 다른 친구들은 갔다 왔는데 너만 말 안 하고 있으면 그것도 웃기는 거야". "아니, 지금 시간도 없고 그냥 학교 가서 공부나 할래. 선생님한테 얘기 좀 해줄 수 없어요?"[라고 하더라구요].

    그러더니 한참을 오더니[지나서는] "엄마, 안 간다는 친구들도 몇 명 있는데" 선생님이 결석 처리를 하니[하신다고] 이런 식이 된 거예요. 그리고 어디가 아프다든가 집안에 행사가 있다든가 그것도 아니고, [본인이 가기 싫어서 안 가면] 결석 처리를 한다고 그러길래 내가 "갔다 와", 자꾸 "돈 있어". 나는 돈 걱정을 하는 줄 알고, "돈 있어" 그래서 애 웃고…. 신발은 못 사줬죠. 신발은 엄마 한 달 계획이 어긋나니까 다음에 사라고, 가방하고 옷만 사서 보냈어요. 그때 내가 가라고 사인해 주고.

면담자   배랑 비행기, 어떤 걸 타고 갈지 설문조사를 한다는 거는 알고 계셨나요? (호성 엄마 : 배랑?) 뭘 타고 갈지에 관해 학생들이 토론를 했다던지, 설문을 했다던지?

호성 엄마   아니요, 그것은 모르고. 그것을 구체적으로 얘기를 했을 때 "배를 한 번 탄대" 하고 얘기했을 때, 우리가 거길 갔다 왔기 때문에 "그것도 괜찮다"라고만 얘기를 했어요.

면담자   그러면 가방하고 옷 같은 거는 어머님이 사서 갖다주신 건가요?

호성 엄마   아니요.

면담자   같이 가셨나요?

호성 엄마   네, 같이 갔는데.

면담자   며칠 전에 가셨나요?

호성 엄마   떠나기 한 4일 전인가? 네, 같이 가서 가방도 그게 맘에 드는데, 12만 원인가 했었는데 들었다 그냥 놓더라고요. 그래서 "엄마", "왜?" "어, 맘에 드는데", "그럼 사" [그랬어요]. 나는 시간도 없고 돌아다녀 봤자 가방 파는 데가 별로 없어서 "사" 그랬더니 [호성이가] 사장님한테 하는 소리가 "사장님, 맘에 드는데 다른 데 둘러보고 올게요. 근데 이건 팔지 말아주세요". 그래 내가, 부모가 "맘에 드니? 안 드니?" 자꾸 물어보니까 그런 거래나 봐요. 그래서 [내가] "주세요" [그랬죠]. "근데 엄마 이거 너무 비싸지 않아요?" [하길래] "아니, 좋았어. 그거 가지고 너 대학교까지 쓰면 되잖아".

면담자   캐리어?

호성 엄마   메고 다니는 거 그거[백팩]하고. 옷은 인터넷 보고 사고, 신발 보길래 신발은 그냥 애한테는 "야, 새 신발 신지 말고 있던 신발 신고 가. 괜히 새 신발 신고 가다가 발 불편해. 그리고 한 달, 솔직히 말해서 한 달 [계획된 생활비]에 조금 어긋난다". 그니까 그 가방, 새 가방하고, 돈 2만 6000원하고 학생증하고 나왔더라고요, 배에서. 옷은 하나도 없고, 이게 들을 때 다 빠져버렸는지…. 우리 아들이 너무 깔끔하게 가버렸어. 그래서 그게 맘에 걸려서 신발도 사서 49재 때 태워 줬어요.

근데 생각해 보면 우리 아들은, 이상하리만큼 자기 노트북 있었는데 다 정리를 했어요. 근데 이건 거 같아요. 우리 큰애는 뭘 하면, 정리가 안 되면 지 아빠한테 꾸지람을 당해서, 얘는 [호성이는] 뭘 하면 꾸지람을 당할 거 같은 건 다 지워버리는 깔끔한 [습관이 있어요]. 그리고 그때까지만 해도 이게 모르니까 문제집 같은 걸 다 놔뒀었는데…. 중학교 문제집이고, 고등학교에 웬만한 문제집을 놔두고 다 정리를

45
●
1회차

했어요. 지가 지 짐을 한번은 일주일 전인가 언제 짐을 싹 정리를 다 했어요.

면담자 　　수학여행 가기 일주일 전쯤에요?

호성 엄마 　　응. 그리고 친구들 집을 다 돌았던 거 같애요, 그니까 1년 전에는 제주도를 갔다 오고. 우리 큰애는 외박이라는 거 없었거든요. 애 아빠가 외박하면[큰애가 외박하려고 하면] "무슨 외박[을] 해, 대학교나 들어가서 [하는 거지]" 그렇게 됐는데, 우리 작은애는 애 아빠가 그래도 외박을 시켜줬어요. 어디 친구[와] 어디 간다라면 그걸 "갔다 와" 이렇게 했는데, 초등학교, 중학교 그 친구들 집은 다 돌았던 거 같아요. 응. 근데 나도 모르게 항상 마음속에, 우리 아이가, 그러니까 너무 소중해 가지고 다칠까 봐 조마조마했던 그런 마음이 있었는데, 애 아빠랑 얘기해 주는 게, 제일 잘했던 게 애들, 지 친구네 집을 한 바퀴 다 돌아서 [외박시켜 준 거예요]. "친구들 온다" 그러면 외박시켜 주고. 그걸 제일 잘했다 [싶어요]. 집 밖도 못 나가게 가둬놔 버렸으면 어떻게 했을까? 근데 큰애는 그렇게 키우지를 못했어요. 큰애는 "외박한다" 그러면 지 아빠가 안절부절[하면서] "빨리 들어오지 무슨 외박이냐, 벌써부터 외박이냐" 그러는데.

〈비공개〉

4월 16일 당일

면담자   그럼 4월 16일 당일로 갈게요. 처음에 사건 소식을 들으
셨을 때부터 그날의 상황을 기억나시는 대로 얘기해 주세요.

호성 엄마   그날은… 호성이가 고등학교 들어가고 핸드폰을 아예
없앴거든요, "공부를 해야 되겠다" 그래서. 저걸[제 핸드폰을] 주고 애
를 보냈어요. 그니까 애 아빠는 자기 핸드폰을 나를 줘서, 애한테 연
락 올지 모르니까 나를 주고. 그날따라 몸이 아프고 회사도 가기도 싫
고 밍기적거리고 있었는데 이상하게, '애가 없으면 어떻게 살지?'라는
생각이 자꾸 들었어요, 머릿속에서.

면담자   아침 일찍부터요?

호성 엄마   네. 아침에 내가 여기서는 아무리 못해도 한 9시에는 나
가야 되는데 '애가 없으면 어떻게 살지?' [하는 생각이 들어서] 그니까 일
어나기도 싫고 몸이 그냥 자꾸 다운되고, 그때는 TV도 틀 생각도 안
하고요. 애한테[서] 알아서 전화 오겠지, 내가 [예전에] 그 배를 타니까
어쨌든 전화 연락이 잘 안 되더라고요(한숨). '알아서 오겠지' 하고 [생
각하는데도] 자꾸 이 머릿속으로는 '애가 없으면 어떻게 살지?' [하는 생
각에 빠지게 돼서] 버스를 탔는데도 자꾸 눈물이 나오는 거예요.

면담자   호성 아버님은 먼저 출근을 하시구요?

호성 엄마   네, 새벽에 출근을 하니까. 그래서 창문을 쳐다보면서
계속 눈물을 훔치고 회사를 갔는데요, 그때도 칼질을 하면서도 자꾸

그 생각이 드는 거예요, 그때 회사, 애 아빠 회사 동료한테 전화를 받기를 한 10시쯤에 받은 거 같아요, 10시가 안 됐나 모르지만. 그쯤 받아서 내가 "여보세요" 하니까 "왜 형 전화를 형수가 받아?" 그래서 "호성이 수학여행 갔어요. 애가 핸드폰을 가져가서 호성이 아빠가 애한테 연락 온다고 저한테 줬네요". 그랬더니 "알고 있냐"고, "배가", "단원고냐?" 그래서 [확인을 하더니] "배가 지금", 그쪽에서도 흥분해서, "배가 지금 가라앉고 있는데 뭐 하고 있냐!"고 소리를 지르는 거예요. 그때부터 이게 뭐야 하면서 이걸 찾을, 손이 떨려가지고 찾을 겨를이 없고. 회사 동료한테, 다시 다른 동료한테 전화를 해서 호성 아빠 바꿔달라고 했는데 전화를 안 받더라고요, 한참. 그쪽에서는 벌써 연락이 왔다 갔다 한 거 같아요. [호성이 아빠가] 전화가 와서 "야, 우리 그 배 타봤잖아, 쌍둥이 배. 근데 그렇게 쉽게 어떻게 넘어지니?" 그러면서 "배?" 그러니까 "응. 그 배가, 우리 그 배는 쉽게 넘어질 배가 아니야. 대한민국이 어떤 나란데" 진정을 시켜줬어요. 그리고 "그만하고, 그냥 단원고로 와라. 거기서 만나자" 했었고.

면담자 　　　아버님이 진정을 시켜주신 거예요?

호성 엄마 　　네. "아유 그 배가 어떻게 가라앉아" 이런 거였어요. 그냥 "아유, 걱정하지 마".

면담자 　　　그날 아침이나 그 전날에 호성이한테서 전화나 문자가 오지는 않았었나요?

호성 엄마 　　그 전날에는, 15일 날, 전날은 우리가 호성이하고 [이야기를 했어요]. 애는 "엄마, 나는 뭐 과자를 잘 안 먹는 아이여서, 엄마

돈 3만 원만 주세요". 그러더니 "엄마, 알고 봤더니 다른 친구들은 돈을 꽤 많이 가져 가대?" [하더라구요]. "그래? 엄마 돈 없으니까 낮에 만나자. 학교 앞으로 갈게" 그러니까 "아니요, 없으면 친구들한테 빌리든가" 하더니 음료수까지 놔두고 갔어요. 그래서 연락이[연락을 하게 돼서] 자꾸 문자를 주고받고. "엄마 여기 오면 불편하니까 오지 마세요" 하더니 안 되겠는지 "엄마 중간에서 만나요" 그래서 돈을 3만 원을 더 가지고 그 음료수 가지고 갔어요. 그래서 지금 원고잔도서관 그쪽에서 만났어요. 만나서 애한테 [음료수를] 주고 [돈을] 줬더니 만 원만 하고[가져 가고] 2만 원을 다시 주는 거예요. "엄마, 아픈데 고생했어. 오지 말걸 괜히 불러서 미안해요". 그래서 "왜? 가져 가" 그랬더니 "아니, 많이 가져 갔다 잃어버리고 그러면 내 잘못이야. 친구한테 빌릴게". 그리고 손을 붙잡고 거까지, 그 원고잔[공원] 앞에 벤치까지 갔던 거 같애. 그래서 "저기 반장이 간다"고 [호성이도] "올라간다"고 "엄마 갈게" 그래서, 그 자리에서 볼에다 뽀뽀 한 번 해주고…. "응, 엄마" 이라고 가더라고.

근데 애 아빠도 참 신기한 게, 15일 날 애 아빠가 아침 일찍 출근하니까, 애 아빠가 TV 보고 있고 나는 옆에 앉아 있고 그런데 "아이고, 우리 아들 잘 갔다 와. 좋겠네" 하고 엉덩이 두드려줬더니, 애 아빠한테 "아빠, 나 갔다 올게. 사랑해" 그러니까, 애 아빠가 "치, 좋은 데 놀러 가면서 무슨 소리야. 좋은 데 놀러 가면서 안 돌아올 거야?" [그랬어요]. 사랑한다고, 그런 말을 한 번도 한 적이 없어요, 아빠한테. 그냥 무뚝뚝한 아빠. 그리고 [호성이가] "싸우지 마셔, 잘 지내요" 그래서 내가 "걱정하지 마. 우리 아들 가서 좋겠다. 잘 놀다 와" 두드려주고. "어유, 너무 좋다. 엄마 따라가고 싶다" 그러니까 그냥 피식하고. 15일 날 학교 도서관 앞에서 만나서 주고, "그거 가지고 맛난 거 사 먹고 있으라"고. 그래서 나는 먼발치에서 애 올라가는 거 뛰어가길래 그거 보고 그냥 왔고.

16일 날 아침에는 '애가 없으면 어떻게 살까'라는 이상한 생각에 자꾸 눈물이 나는 거예요. '애가 없으면 어떻게 살지? 어떻게 살지…' 그러고 눈물이 하염없이 나더라고요. 그래서 애 아빠하고 그런 연락을 받고 "걱정하지 마. 그 배는 넘어질 배가 아니야. 대한민국의 기술력이, 수출하는 나라야". 근데 그다음부터는 이게 뭘, 뭘 해야 될지를 모르겠고, 회사 측에서도 그랬어요. "나 집에 가야 될 거, 단원고 가야 될 거 같애. [우리 애가] 탄 배가 지금 사고가 났나 봐요" 그랬더니, [인터넷을] 찾아보더니 "배 괜찮다는데? 사람들 없는 거 보니까 다 구조했나 봐요" 그랬어요. 근데 "아유, 나 일이 안 잡혀서 가야 될 거 같아요" 그래서 그쪽에서 태워다 주길래 단원고를 갔는데…. 입구를 딱 가자마자 벌써 경찰들이 다 와 있더라고요, 와 있었고.

면담자   일찍 오신 분들보다는 늦게 도착하셨겠네요?

호성 엄마   네, 그런 거죠.

면담자   한 11시쯤 돼서, 아니면 10시 반쯤인가요?

호성 엄마   10시 반도 약간 넘은 거 같고 11시는 안 된 거 같고 그런 거 같애요. 그래서 갔더니 그때도 애 학교를 한 번도 안 찾아가 봤으니까, 교실을 찾아보니까 벌써 몇 분들 앉아서 울고 있고. 3층에 올라가 보니까 그 강당에는 사람들이 많이 와 있었어요. 많이 와 있어서 계속 무슨 얘기를 하고, 그 자막도 흐르고. 그래서 왔다 갔다 [하면서] "이거 어떻게 된 거예요?" 자꾸 누가 물어봐도 서로가 묻는 그런 상황이고. 근데 "애들은 다 구했대요. 응, 애들은 다 구했대요" 그러니까, 화면으로 이렇게 봐도 아무도 없으니까 '응, 다 구했나 보다'라고 생각을 [했죠]. 너무 바다도 그냥, 배들도 없는 거 같고 그랬는데 한참 거기서 어떻게 흘렀는지는 모르겠는데 "전원 구조", "단원고 학생들 전원 구조"라고 아예 떴어요. TV에서 그렇게 딱 떠버리니까, 그래서 박수쳤어요. 옆에 누구 엄만지는 몰라도 손잡고 "어머, 어머, 그럼 그렇지" 박수 치고. "아유, 감사합니다. 네, 감사합니다, 그럼 그렇지". 근데 "애들 놀랬을 텐데, 애들 놀랬을 텐데 빨리 데리고 와야 되는데" 그때부터 그러면 차편 해달라, 거기에는 이상하게 생각하는 부모들도 있었겠죠, 분명 많은 사람들이 있었으니까. 근데 나는 그런, 그냥 "아유, 감사합니다. 고맙습니다" 그냥 박수 치고 "어머 다행이다" [그랬어요].

면담자   지금 배가 가라앉고 있다든가 하는 연락을 아이들한테 받은 분들도 있긴 있었을 텐데요.

호성 엄마   근데 내가 지금 제일 안타까운 게 내 핸드폰을 우리 아들이 가져갔잖아요. '만약에 그런 문자를 받더라도 아들이 다 보고 있었을 텐데'라는 생각이 들어요. 만약에 그때까지만 살아 있어도 "전원 구조"라고 뭐라고 했을 때…. 내가 연락처를, 내 전화번호를 학교 연락책에 써 있는데, 그 전화를 내 아들이 가지고 있었던 거예요. 그리고 애 아빠가 항상 하는 소리가 "왜 다른 아이들은 전화를 했는데 우리 호성이는 전화나 문자 같은 거 안 했을까?" 그래서 내가 그랬어요. "당신 전화니까. 당신이 애를 그렇게 키웠잖아. 당신 전화니까". 맨날 엄마하고만 소통하다가 엄마 전화는 자기가 가지고 있고. 아빠한테는 연락을 안 한 거야. 그래서 "아빠한테 전화하면 뭐 해. 전화받지도 않고". 그래서 애 아빠가 통곡을 하고 울더라고요. 그 전화기 속에는 우리 아들하고 이불 속에서 사진 찍은 것도 있고 있는데 고스란히…. 우리 아들은 너무 깔끔하게 자기 정리를 하고, 진짜 문자 하나 없이…. "왜 그랬을까?" 그러길래 그 말을 했어요. "당신 전화니까. 엄마는 전화를 가지고 있지 않는데 자기한테 무슨 연락을 하냐. 애가 살아 있으면서 자기한테 연락한 적 있어?"

면담자　　　나중에 호성이 가방을 찾았을 때 혹시 핸드폰은 없었어요?

호성 엄마　　　핸드폰은 없고 가방에 옷은 다 빠져 있고. 제일 앞 가방 [주머니]에 학생증하고 도서관증 그런 거 들어 있었더라고요. 그중에서도 친구들, 지가 제일 좋아하는 친구들, 초등학교, 중학교 친구들 사진…. 사진은 항상 가지고 다녔거든요, 앞에다가. 근데 그 사진들이 다 지워져 버리고 하얀 종이만 돼서 왔어요.

8
진도행과 진도에서의 경험

면담자　　　말씀하시기 힘드시겠지만 학교에서 어떻게 진도로 가게 되셨는지, 그 과정을 이어서 말씀해 주세요. 어머님 말씀으로는 그날 11시, 12시 보도에서 텔레비전으로 "전원 구조"라는 오보가 계속 나왔을 때, 단원고 안에 계신 부모님들이 그걸 거의 믿으셨다는 거죠? '아이들이 젖었을 수 있으니까 우리가 마중 가자' 그런 생각이었고요.

호성 엄마   네, [애가] 젖었고 놀랐으니까 우리가 가자". 근데 저는 그냥 멍때린 상태였고요. 주위에서 "그러면 차를, 버스를 대절해 달라" 그래서 연락을 해서…. "그럼 12시부터 한다. 차가, 차편이 된다" 라고 해서…. 저희는 집이 가깝기 때문에, 애 아빠가 "그러면 애 젖었으니까 옷을 챙겨가지고 가자". 그런데 참 사람이 희한하게, 옷을 챙겨가지고 가고, 옷을 갈아입는데 나중에 보니까 다 시커먼 옷들이더라고요. 근데 우리도 은연중에 '거기에서도 사망할 수, 사망하는 학생들이 있었겠지'라는 그런 생각으로 간 건지, 우리 머릿속에 그게 잠재돼 있는지 모르는데, 애 아빠랑 나랑 그냥 옷이 시커맸어요. 애 옷을 챙기고.

면담자   아침부터 어머님, 아버님 옷이 검정색이었어요?

호성 엄마   아니요, 집에 가서. (면담자 : 갈아입었을 때) 네, 애 옷 가지러 가서 [우리도 옷을] 갈아입고, 가방을 애 옷이랑 챙겨서 이렇게 와서 버스를 타는데…. 내가 생각하기에는 첫 번째 차는 못 탔고요, 정차웅이 엄마, 아빠가 그 차를 탔으니까 그 차가 두 번짼지 세 번짼지는 몰라요. 저 기억에는 한 세 번째 같을 거예요. 다는 타지 못했는데, 그때 저희 반에 1학년 때도 같은 [반] 친구였는데, 그 친구 엄마는 연락을, 처음에는 연락을 못 받았다 하더니 어느 병원에 있다고 연락을 받았다 그러더라고요. "어느 병원에 있다", "안 타?" 그랬더니 "어느 병원에 있다고 연락이 왔다"고. 그래서 "다행이다". 그런데 "호성이한

53
•
1회차

테 연락이 왔냐?" 그랬더니 "연락이 없다, 전화도 안 받는다" 그래서 그 차를 타고 갔는데, 우리 여기 오다가 꺾어지다 보면 화랑유원지 중간에 거기에서 차가 갑자기 멈춰 섰는[서는] 거예요. 그래서 '누구랑 같이 가야 되니 접선을 [하나 보다]' 하고.

나는 계속 애한테 전화만 계속했었어요. 애가 어디를 가면 전화를 [잘했어요]. 수시로 자기 얘기를, 전화를 해서 "엄마 좀 늦을 것 같애요". 전화를 자주 하는 아인데 너무 연락이 안 되니까 계속 울면서 전화만 했었고. 가는 도중에 이게 차가 너무 중간중간 서고, 근데 이 부모들이 놀래서 그런지 TV 켜달란 말도 못 하고. 나는 핸드폰으로 이걸 볼 생각도 안 하고 무조건 그냥 전화만. 그니까 전화가 한 대밖에 없으니까 내가 가지고 있으니까 애 아빠는 그냥….

면담자   호성이 아빠랑 같이 가신 거죠?

호성 엄마   네, 네, 그 상탠데. (면담자 : 왜 그 버스들이 중간중간 섰던 건가요?) 중간중간 서서, 그 관계자들이 내려서 자기네들끼리 얘기를 하고, "조금만 기다리라"고 "경찰 온다"고. 경찰이 앞에 이렇게 서가지고 가더라고요. 그때 상황에서는, 제가 봤을 때는 그냥 '애가 왜 전화를 안 받지?' '빨리 갑시다' 이게 아니라, 왜 전화가, 그냥 나는 이것만, 통화만, 목소리만 듣고 싶은데…. '왜 전화를 안 받지?'라고 생각하는데, 거기 와중에서는 이게 상황이 이상하게 돌아가는 거 같애요.

그러다가 지금은 거기에 어느 목적지라는 말이 나왔지만, 차웅이 엄마, 아빠를 불렀어요. "여기 계시냐?"고 불렀어요. 그래서 누구누구 몇 명을 불렀었는데, 그때 "사망한 거 같다"라는, "사망했습니다"라고…. 부모들이 여기서 통곡하기 시작했죠. '지금 전원 구조가 아니라 이게 틀리다'. 근데 애가 전화를 안 받으니까, 계속 울면서…. 뉴스를 접한 언니들한테 전화가 오기 시작했어요. "너 얼굴이 보이더라, 어떻게 됐냐?" 그니까 "언니, 지금 이라고[이러고] 내려가고 있다. 애가 전화를 안 받아서 불안하다" 그런 식으로 계속 울기만 하는데 "그래도 기적이라는 게 있으니까 조금 기다려봐. 거기는 섬이 있으니까, 여기저기 애들이 가서 연락이 안 될 수도 있다"라고, 자꾸 그렇게, '설마 그러겠지'. 이 마음속에 '내 아이는 아니겠지' 그래서 진도가 어딘지도 모르고 이렇게 갔었던 거 같애요. 가서 일단은 여기에 생존자 아이들에 그것만[생존자 명단에서 호성이 이름만] 찾았어요. 아무리 한 서너 번을 찾아도 없더라고요.

면담자   [진도체육관에] 도착하자마자요?

호성 엄마   네, 도착하자마자 그렇게 찾고. 근데 애 아빠는 거기에서 생존자 아이들이 거의 빠져나간 상태라 그러더라고요. 얘기도 하고 이렇게 했다는데, 저 같은 경우에는 애가 [이름이] 없다는 거에 아예 통곡을 하고, 이성을 그냥 잃어버린 거 같애요. "왜 애가 이름이 없냐. 이게 도대체 어떻게 된 거냐". 그것만 보고 아예 정신을 놓은 상태에[서] 버스를 타, 어디 간다 하니까 버스를 탄 거예요. 그때 저는[제] 기억은 '도대체 뭐야?' 이렇게 뭘 머리를 망치로 한 대 딱 맞아가지고, '왜 애가 없어? 빨리 목소리 들어야 되는데, 애 확인이 돼야 되는데' 거기에만 몰두를 해서 이 주위를 살필 겨를이 없었던 거예요. 근데 팽목을 가니까 거기에도 경찰들이 서 있더라고요. 서 있고 기자들 있고, 있는데 도대체 나는 [현장이] 여긴 줄 알았더니 산 넘어 뭐 거기라 하니까 그때부터는 주저앉아 가지고 '이게 뭐지?' 통곡하기 시작한 거예요. 멍때리고 통곡하기 시작한 거예요, 그런 헬[hell] 속에 있었고….
내가 정신을 차린 것은 17일 날 오후쯤에 박 대통령이 오고 나서 정신
을 차린 거예요.

면담자   체육관에 계셨나요?

호성 엄마   네, 오고 나서 '이건 아니구나'라는 걸. 저희 형부랑 왔
을 때 우리가 [고향이] 섬마을이기 때문에, 형부도 섬이기 때문에 "저
정도 배가 가라앉으면 아이들은 이미 갔다"라고 얘기를 했어요. 애 아
빠한테 냉정하게 그렇게 얘기했대요, "아예 마음의 준비를 하고 있어
라". 그런데 이 국가에서는 "공기만 있으면 산다, 공기를 집어넣는다"
하니까…. 나는 계속 그냥 바다만 가는 거예요. [배에서] 내려왔다가
[배가] 다시 들어오면 다른 배가 간 다음에 몇 시에 배가 간다 하면 [또]
그 배 타고 나가보는 거야, 몇 시에.

면담자   어머님께서는 계속 배를 타고 나가셨군요.

호성 엄마   네, 네, 계속 나가서 그냥 기도하고. "호성아, 엄마 여기
있어. 무서워도, 무서워도 옆에 친구 죽어 있어도 늠름하게 살아만 있
어줘. 제발 살아만 있어줘" 소리소리 지르고, 엄마 여기 있으니까 "무
서워도 제발 살아만 있어달라"고. 내가 믿는 종교에 "우리 아들 살려
달라"고. "나는 이렇게 못 산다, 바다만 보고 살 수는 없으니까 제발
살려달라" 그것밖에 할 수가 없었어요. 근데 바다[에서]는 아무것도 안
해. 공기를 집어넣어야 된대, 거기 애들이 살아 있대, 몇 시간 안에 집
어넣어야 되고[라면서], 뭐가 자꾸 카톡이 온다고. 뭐가 온대, "애들이
'살려달라' 그런다"고 뭐가 온다니까, "그걸 배를 함부로 건드리면 애

들이 더 가라앉을 수, 뭐가 더 문제가 생긴다"는 그런 식으로만 자꾸 얘기를 했어요. "그라믄 무슨 기계가 오냐" 그랬더니 "기계가 오는데 이것도 시간이 걸린다"[고 기다리라고 그러고].

면담자   어머님이 처음 배를 타고 바다에 가신 게 17일인가요?

호성 엄마   저는 17일 새벽, 저한테도 아직 사진이 있을지 모르지마는 17일 새벽에 사진 찍은 거 보니까 새벽 3시로 나오더라고요. 근데 [배를 봤을 때] 이렇게 동그란 거, 배는 다 가라앉아 있는 상태에서 이렇게 동그란 거[만 보였어요]. 나는 그게 처음에 봤을 때 유리창 같은, 그래서 그것이 [동그란 유리창 같은 곳을 통해서] 빛이라도 들어가서 애들이 살아 있기를 간절하게, '그냥 저 빛이라도 들어가서 밝혀줬으면 좋겠다'라는 그런 마음인 거고.

그때 느꼈던 것은, 두 번째 배인가를 20명이 타고 간 그렇게 큰 배가 아니었어요. 타고 갔는데 잠수사가, 고무보트를 탄 배가 우리가 타고 있는 배 쪽으로 왔어요. 거기에 세 명인가 네 명인가 탔을지 모르는데 그 사람들이 전라도 말로, 그 선장이 "자네 시야가 어떤가?" 이랬던 거 같아요. 그래서 내가 기어가서 "애들이 살아 있대요. 살려달라고 한대요". '시야'라는 말에, "애들이 보여요? 그 안이 보이나요?" 그니까 이렇게 나를 쳐다봤어요. 그래서 나도 모르게 "배에 물이 찼어요?" 그니까 고개를 끄덕였어요.

그래서 "아, 이거 이상한데" 그래 가지고 와서 애 아빠한테 물어보니까, 애 아빠가 객실 쪽에는 물이 찰 수 [없다고]. "여기, 여기 복도 쪽에는, 우리도 타봤잖아. 물이 찰 수 있지만 객실에, 요즘 새로 만든 배가, 그 배가 새롭게 다 증축한 배기 때문에 이게 문이 딱 닫히면 거기서 공기가 나오고"[래요]. "그럼 살아 있다는 거야?" 그럼 '살아 있으면 애한테 가서 이름 부르고 살아만 있어달라' 기도만 할 수밖에 없었고. 그 우왕좌왕하는 사이에 말하기는 [구조 장비가] 어디에서 오고, 제주 도에서 오고, 서울, 부산에서 오고, 이게 시간들이 많이 걸린다고만 계속 얘기를 한 거예요.

면담자   처음에 새벽에 바다에 가셨을 때 그 배는 어떤 배고 누 가 준비해 줬나요?

호성 엄마   누군지는 몰라도 그쪽에서 연락을 [해서] 우리가 배를 [탔어요]. 여기[안산]서부터 버스를 이렇게[준비] 해달라 그랬듯이, 거기 서도 우리가 나가서 거기 사고 난 지역을, 애들 있는 지역을 가고 싶 다 하니까 그쪽에서 배를 계속 (면담자 : 대책본부에서?) 네, 네, 그쪽인 거 같아요. 한 그다음 아침까지도, 아침인가 낮까지도 계속 이렇게 시 간대로 해줬던 거 같아요.

면담자   그러면 배가 보이는 근처까지 가셨어요?

호성 엄마   그니까 아주 멀리 보였죠, 가까이도 가지도 않아. "가까 이 가면 여기[구조 작업]에 방해가 된다"고 아주 희미하게 조그맣게 보 일 정도로, 거기를 갔었지, 가까이도 못 오게 했어요.

면담자   그래도 17일이면 어쨌든 선미가 보이고 이런 상황에서 배를 보셨겠네요?

호성 엄마   그니까 지금에 와서 생각해 보면 이미 완전히 가라앉은 상탠데, 대통령이 오고 나서 공기를 집어넣는다고 하더니 내가 희망을 가졌던 그 동그란 창문 같은 게 완전히 가라앉아 버렸죠. 가라앉고 파도가 칠 때 그 검정 부위도 보일락 말락, 보일락 말락 이렇게 된 거예요. 근데 그것을 진도체육관에서 보면서 저희는 이걸 바닥에, 체육관에서 자리를 못 차지하고 객석 위에 쪽에서 자리를 잡았거든요. 거기에 앉아서 '대통령이 오면 빨리 뭔가 되겠구나', 그 희망의 끈이 있었거든요. 대통령이 [오니까] "우리도 저 TV도 설치해 주세요, 전혀 볼 수가 없습니다. 우리 아이들이 있는 그 바다 화면도 좀 띄워주세요. 작업하는 걸 보고 싶다"라고 했는데 그것[화면]을 계속 보고 있었어요.

근데 내가 생각하는 그 동그란 게 없어지고 파도가 치던 게 그게 아예 감춰져 버린 느낌인 거예요. 순간적으로 나도 모르게, "와아!" 이렇게 완전히 미친 사람처럼 거기에, 객석에 앉아 있다가 뛰쳐 내려와서 막 소리를 지르기 시작한 거예요. 지금 경기도 도지사님이 "아이들이 세 명이 수습이 됐답니다", 그때가 5, 6시 저녁 시간이었을 거예요. "수습이 됐답니다", 그 새벽에. 그래서 나도 모르게 뛰어내려 가가지고, 물을 먹다 뛰어 내려가서 집어 던지면서 그러면 "살아 있는 애는 없나요? 거기 들어갔다면 살아 있는 애는 없나요?" 그러니까 [도지사가] 말을 안 했어요. 그래서 막 나도 모르게 미친 듯이 "우리 애들을 죽일려고", 그때는 우리 애들이란 말이 아니고, "내 새끼를 죽일라고 작정했구나, 당신들이! 어정쩡하게 살아 있으면 대한민국에 골칫덩어리일 거 같으니까 내 새끼 죽일라고 작정했구나. 아예 죽여서 건질라고 이렇게 했었구나. 이게 북한보다 나은 게 뭐야!"

그때부터 아예 그랬죠. "난 열심히 산 죄밖에 없어. 나는 꼬박꼬박 세금 내고 열심히 산 죄밖에 없는데, [아이들을] 아예 죽여서 건질려고

했잖아. 응? 이거 뭐냐". 거기에서 느낌이, 항상 그 바다에서 섬마을
에 사는 사람들은 "차라리 죽는 게 낫다"라는 그런 것을 들은 거예요.
'살아서 어정쩡하게 살아 있으면 얘는 평생을 국가에 불만만 갖고 정
상으로 살 수 없을 거'라는. 나는 어릴 때 그런 소리를 들었는지 몰라
도 내 머릿속에 그게 들어 있었던 거예요. 그것을 막 퍼붓기 시작했어
요. "왜 산 애는 안 데리고 와? 왜 산 애는 안 데리고 오고 다 죽었다는
얘기야? 그럼 어디서 건져 온 거야?" 그니까 처음에는 "안에 들어가서
건져 왔다"더니 "안에 들어와서 데려왔다"더니, 나중에는 "주위에서
데려왔다"고 얘기했어요.

　　그래서 미친 듯이 거기에서 이 생각에, 그때 [생각이] 들은 게 '이건
아니다. 아이들은 벌써 갔구나. 내 자식은 갔구나'. 이제 그때부터는
'내 자식 시신을 데려와야 되겠다'. 내가 매달릴 수 있는 것은 부처님
밖에 없었어요. 그 당시에 하도 기도를 해도 애가 안 올라오길래 이걸
[염주를] 집어 던졌어요. "부처님이고 뭐고 다 필요 없어. 내가 어떤 인
생을 살았는데 나한테 이런 고통을 줘? 다 필요 없어" 하고 집어 던졌
는데, 다시 진도체육관 왔다가 애 아빠한테 "안 되겠어. [염주를] 다시
찾으러 가야 될 거 같애", "왜?", "우리 자식 안 올라올까 봐 겁이 나".
그래서 [찾았더니] 차 [안] 저 밑[바닥]에 있더라고요. 기어서 그거 찾아
가지고 "잘못했습니다". 근데 나 진짜⋯⋯.

면담자　　　부처님한테 잘못했다고 그러신 건가요?

호성 엄마　　부처님한테 그런 거죠. "잘못했습니다". "나는 어릴 때
내 엄마 기다리듯이, 내 자식도 기다리고 살 수가 없다"고. "제발 불쌍
하게 생각한다면 내 자식 데리고 올라가게 해달라"고⋯. 그 사람들은

얘기를 해도 소리를 질러도 그냥 메아리예요, 메아리. 큰 바위에, 벽에 "빨리 가서 해달라"고 "빨리 구조를 해달라"고. 애가 차라리… 대통령이 가고 나서 애들이 죽었잖아요. "죽었으면 수습을 해주세요. 다른 데로 가지 않게 수습만 빨리해 주세요" 했는데도 그들은 그냥 "기계가…"[라는데], 무슨 기계 탓이고 뭐 탓이고 다 핑곗거리지. 이 부모들은 미친 듯이 "빨리하라"고, 그것만 했을 거고. 뭔가를 해결책을 내놓고 거기에서 소리소리 지른 부모가 있는 반면에, 나처럼 반은 미쳐가지고 멍때리는 부모가 있는 반면에, 그냥 나는 이 '사람들하고는 대화가 안 된다'고 생각했어요.

밤에 꿈꾸면 우리 애는 환하게 웃고 있었어요. 근데 다른 친구가 사과를 먹을라 하니까, 다른 여자 친구가 사과를 달라 하니까 줘버리는. 그럼 그게 마음에 걸려서 사과 던져주고.

바다의 신께도 제발 [빌었어요], 아버지, 얼굴도 모르는 아버지한테도 제발…. 근데 내가 할 수 있는 건 그거밖에 없었어요. 무서웠어요. 내 자식은 가고 없는데 내가 자식 못 찾아가지고 바다만 보고 살수…. 그 아픔을 알기 때문에 그 기다림을 알기 때문에 그렇게 살까 봐, 내가 못 견딜까 봐 기도를 했던 거 같애요. 그것밖에 내가 할 수 있는 게 없었어요. 아무리 걔네들한테 얘기해 봐도, 근데 내 마음속에는 대한민국 대통령이 그러고 갔으니까, 내가 믿었던…. 어떤 느낌이냐면, 진짜 엄마한테 버림받는 느낌이었어요.

면담자   대통령이 와서 이야기를 할 때 '아, 저 사람은 마음이 없구나' 이렇게 느끼셨나요?

호성 엄마   아니, 아니, 말만 그때 말만 들었어도 '아유, 그래, 뭔가 되겠지' [하고 생각했어요], 옆에서는 아우성을 치고 욕을 하고 그래도 나는. 근데 그 배가 "공기 넣는다"고 하고, 애들이 올라오고 실제로 살아 있는 애가 없다는 걸 알고 이미 갔고. '그들은 그래도 조금이라도 숨 쉬고 있는 아이들을 마저 보냈구나'라는 [생각이] 머릿속에 확실하게 들었고. 17일 새벽인가요? 17일 새벽이 아니라 대통령 가고 그때가 17일 저녁인지 18일 새벽인지는 몰라도 어떤 분이, 제가 알기론 삼촌이라고 알고 있었거든요. 부모님도 아니고 그쪽에 엄마 쪽인지 아빠 쪽인지는 몰라도.

면담자　　　어떤 외삼촌이라고 하신 분?

호성 엄마　　　네, 네. [아이 시신을] 데리고 왔는데, 그래서는 안 되는데 진도체육관으로 데리고 와버린 거예요. 우리 애 학교 친구를 데리고 왔는데 그 친구를, 나는 확인을 안 해봤지만 너무 [얼굴] 색감이 너무 빨그스름하고 이 여드름 자국이 그대로 있고, 거품이 뽀글뽀글해서 이것은 진짜 어떻게 하면 살 수 있을 것 같으니, 내 조카 같으니까 진도체육관으로 데려와 버린 거예요. 데리고 와서 저도 저 위에 객석에서 쳐다보니 우왕좌왕하고 막 그래서 뛰어 내려갔죠.

면담자　　　어떤 분이 아이 시신을 데리고 오셨다고요?

호성 엄마　　　네, 네. 진도체육관으로, 자기 조카인 줄 알고. 그니까 진도체육관으로 데려오니까, 자기 차를, 누구 차인지 몰라도 태워 와서 "형, 형수, 누군 거 같애. 빨리 확인해 봐!" 그라고 우르르르 가더니, 아닌 거예요. 그러니까 옆에 있는 어느 학부모가 이상해서 가봤더니 자기 아들인 거예요. 그래서 그분이 옷 같은 걸 챙기러 오다가 거

기에서 마비가 돼가지고 손발이 비틀[리]고 사람들은 우르르 가가지고 보고…. 〈비공개〉

9
호성이를 다시 만나기까지와 장례 과정

면담자　　어머님은 호성이를 만나기까지 얼마나 걸리셨나요?

호성 엄마　　인자 우리 호성이가 5월 1일 날 왔거든요. 그래서 6반 그 객실이, 애들이 침대칸에 있어가지고 제발 거기는…, 그 침대칸을 우리가 쌍둥이 배를 타봤다 했잖아요. '거기는 아니겠지, 배가 뒤집어졌으면 애들이 깔고 드러누워 있을 텐데 그라면 더 힘들겠지'라는 생각이 들었어요. 그래서 '거기는 아니겠지'라고 생각했는데 도면을 보니까 애가 그 객실에 있더라고요, 6반 아이들이랑.

[수습 순서가] 가운데 정도에 있어서 불안해한 거예요. 애 아빠도 100번째 [수습되니까] "제발, 아들아. 나왔으면 좋겠다" 이렇게 하다가, [호성이가] 객실에 있었다니까 애 아빠가 이건 찾을 수 있을까, 없을까 불안에 떨면서…. 자꾸 애 아빠는 나한테 "못 찾을 수도 있다"는 얘기를 해서, "그런 쓰잘데기없는 얘기는 하지 말라"고 원망을 많이 했죠. "무슨 아빠가 저러냐"고. 애 있을 때도 사랑을 많이 쏟아주지도 못한, 이 원망이 애 아빠한테 가득 차 있었던 거예요.

할 수 있는 것은 맨날 가족들[이] 반끼리 모여서 회의하고, 뭐 "조끼를 입으라" 그라고, "이름표를 달으라" 그라고, 그런 거를 참여는 해도 그 다른 엄마들보다는 적극적이지 못하고 멍때리고만 있고…. 계속 팽목항에 가고, 계속 이런 상황만 본 거예요. 그래서 도대체 내 아이를 못 찾을까 봐…. 그거에 무조건 입으로만, 돌면서 입으로만 좋알좋알 미친 사람처럼 왔다 갔다 이렇게 한 상황이었는데. 그때 5월 1일 날 오후쯤에, 6시쯤인가요? 그때 나오기 시작했어요. 근데 그 객실을 들어갔는데 저기가 애가 있어야 되는데 애가 없다는 거예요. "애 아빠, 애 없는데?" 거기[호성이가 있었을 것으로 추정하던 객실]에서 찾았다는데 [호성이가 나오지 않으니] 불안하게 시작했는데, 근데 애가 키가 180에[180이라고 써 있는 걸 보니까] "애[호성이] 맞는 거 같은데?" 근데 애 아빠가 보고 와선 아니라는 거예요. 우리 애는 소데나시[민소매]를 입는 걸 싫어하는데 저건 "소데나시"라고 써 있더라고요.

면담자   아버님이 먼저 가서 보고 오셨어요?

호성 엄마   애 아빠가 1층에 그거[희생자 인상착의] 보는 데가 있더라고요. 이게 뭐 보는, 나는 아예 멍하니 앉아만 있고 애 아빠가 왔다 갔다[하면서] "아니야. 호성이가 소데나시를, 이거 털 보인다고 소데나시를 안 입는 아이인데 저기는 소데나시라고 나와 있잖아. 만약에 안 찾으면 한번 가보자" 그랬던 거예요. 근데 그 아이가 호성이었던 거예요. 그것도 모르고 6반 엄마들하고, 그때 7반에서 나오고 6반에서 나오고, 나와서 팽목에 가기 위한 절차를 밟고 있길래 "언니 찾아서 진짜 잘됐다". 그때 인사가 "찾아서 잘됐다"[였어요]. "근데 우리 호성이는 어디 갔지?" 그러면 "찾을 거야. 조만간에 찾을 거야". 그리고 "잘 올라가서 장례 잘 치르라"고 인사를 하고 다시 버스를 타고. 그때가 한 12시, 점심시간이었을 거예요. 그래서 애 아빠가 담배 한 대를 피우고 올 테니까 먼저 2층에 올라가 있으라고 해서 가는 도중에 전화를 받은 거예요. "신호성 부모님 있냐?" 그래서 "네" 그랬더니 DNA 검사를 했더니 애가 맞는 거 같대요. 그래서 엄청 화가 났죠, 애 아빠한테. 꾹 담고 그동안 애 아빠하고 살면서 말 못 했던 얘기를 거기서 다 했던 거 같애요.

면담자   왜 보고도 못 알아보냐?

호성 엄마   응. '야 이 미친 새끼야 니 자식도 몰라보냐!' 이 마음속에서 그런 거예요. 그래서 "애한테 똑바로 해주지도 못하더니 니 자식도 몰라보고 자식이 부모를 또 찾게 만드니?" 그러면서 "내가 너 만나서 내 인생이 이렇게 꼬였어. 내가 니 만나가지고 이렇게 평생을 참고 니 집안을 이렇게 해줬더니 결과가 이거야? 니 자식새끼도 못 알아보냐? 자식이 나를 찾게 만들어?" 그러면서 소리소리를 질렀는데…. 애 아빠는 애를 찾았다는 거시기에[소식에] 그냥 가방 챙기고 하기 바쁜데, 나는 쫓아다니면서. 그때도 쉽게 찾지도 못했어요. 담배 피우러 갔다더니 어디로 갔는지 보이지도 않는 거예요, 전화도 안 받고. 그래 가지고 소리소리, 전화기도 그때는 없었구나, 소리소리를 지르고 돌아다녔는데…….

애를 딱 보러 갔는데요, 지금도 눈을 감고 [생각하면] 애를 그때 못 만져주고, 똑바로 못 본 걸 눈을 감고 머릿속에다가 그리면서 하나씩 만져주는데, 그게 소데나시가 아니고, 여기는 검정색이면 여기는 하얀색 있죠, 그리고 가디건 입고. 목에는 엄청 큰 상처가 나 있는데 허옇더라고요. 근데 얼굴은 보여주지 않았고. 그 사람들이 하얀 거즈 손수건으로 얼굴을 감싸고 있었어요. 근데 자꾸, 계속 뭣을 거즈 손수건

같은 걸로 계속 얼굴을 감싸고 있더라고요. 덮고, 또 덮고 계속 덮고 이라고 봉하고 있는 상태에서 옷을 보고 귀를 보고 머리를 보니까 잠잘 때 그 모습, 그 머릿결이라든가…. 근데 나도 모르게 웃고 있었어요.

면담자   아들이니까….

호성 엄마   응, '우리 아들 맞어. 이 옷 입었구나'.

면담자   근데 왜 소데나시라고 그랬었던 거예요?

호성 엄마   "소데나시"라고 썼어요. 그래서 '우리 아들이 이 옷 입었구나, 근데 왜 산 옷은 안 입었지?' 그런데 내 몸이 아들을 만져봐야 되는데, 그렇게 기도를 한 아들이 올라왔는데, 만져봐야 되는데 몸이 뒷걸음을 치고 뒤로 가고 있는 거예요, 그냥 눈물만 흐르면서. 그래서 애 아빠한테 발을 보고 오라 그랬어요. 우리 아들, 당신이 우리 아들 평발이니까, 당신이 발을 [보고] 와. 그랬더니 애 아빠가 이렇게 자크[지퍼]를 열어주더니, 애 아빠가 보더니 고개를 확 돌리고 내가 갈라니까 확 [밖으로] 밀어버리더라고요. 그게, 그래서 거기는 수습이 되고 나는 앉아서 울고 있고 이게 호흡이 안 돼가지고 끌려 나왔는데. 지금도 그게 머릿속에 [후회되는 게] 그 아픈 데를 어루만지고, 진짜 그때는 내가 거기서 숨이 막혀 죽더래도 애를 꼭 안아줬어야 되는데…….

면담자   그때 안아주지 못하셨던 게 후회되세요?

호성 엄마   네, 그런 아픔이 있어요. 근데 중간중간에 다른 친구들은 많이 봤거든요. 올라오고 나서 믿음이라는 게 없어졌잖아요. 대한민국의 대통령이 그러고 갔기 때문에 믿음이 없어져서, 아이들이 첫

때부터 올라오기 시작한 걸 봤어요. 근데 여자아이들은 구분이 돼 있어서 못 봤지만, 남자아이들은 봤는데, 처음에…(한숨) 산을 올라가는 표정이었어요. 이렇게 되고 눈은 떴는데 흰자만 보이고. 산을 올라가는 표정들로 뭔가를 붙잡을라고 기를 쓰는 그런 표정들이었어요. 어떤 아이들은 지 가방 메고, 이게 그대로. 딱 이라고 있는데 그대로 굳어, 아이들이 굳어 있었어요(한숨). 이렇게 잘생긴… 그거 보면서 이렇게 잘생기고 귀한 아들들을 그렇게 중간중간 봤는데… 중간중간부터 띄엄띄엄. 내가 볼 때는 100번째까지는 본 거 같은데, 마지막에. 그다음에는 그 냄새, 여기저기가 갈수록 이게 눈과 코에 입 주위에 새카매지는…. 이게 좀 변질되고 그 냄새 때문에 한동안은 여기 와서도 그 냄새에 시달렸어요.

그랬는데 정작 내 아이는 확인을 못 했어요, 얼굴을 제대로. 얼굴은 볼 수 없을 만큼 망가져 있었나 봐요. 아예 그분이 거즈 손수건으로, 하얀 걸로 자꾸 덮어서 못 보고. 그 다쳤던 목이라도 만져줄 텐데 그것을 아예 하지 못하고 온 게…. 그리고 아이는 너무 망가졌는지 우리가 장례식장 할 때 마지막으로 보는데 아예 다 싸여 있더래요. 스님이 들어가서 봤는데 아예 얼굴이고 뭐고 다. 가서 옷도 입혀주고, 얼굴을 보고, 얼굴도 어느 정도 만져주고 그래야 되는데, 그게 아니라 얼굴까지도 다 끝을 낸 상태에 들어와서…. 그러면서 상상을 하면 아마, 침대칸에서 내가 상상하는 대로 뛰어나오다가 뭔가가 부딪혀서 다쳤던 거라 아예 이렇게 기역 자로 상처가 여기 크게 나 있더라고요. 여기가 [목이] 떨어진 데가 덜렁덜렁 했었어요, 이렇게. 근데 거기가 하얗더라고요. 그래서 가끔가다 눈을 감으면 거기를, 내가 상처를 자꾸 만져주게 돼요. 내 꿈속에서는 항상 웃고 있으니까….

면담자   장례는 어떻게 치르셨는지, 오늘 거기까지만 얘기할게요. 호성이가 몇 번째인 건가요?

호성 엄마   221번째. 나는, 그때 지나고 나니까 이거 진심으로 애를 위해서인 건지 내가 살려고 그런 건지를 모르겠어요. 그래서 나도 모르게 그 헬기 타는 입구를 돌면서 애가 나오기 하루 전날에 "호성아, 엄마 저거 타고 싶어" 그랬어요. 돌면서 "엄마 여기 너무 싫다. 엄마 헬기 타고 집에 가고 싶어. 엄마 여기 너무 싫어" 그랬는데. 그다음 날 이상하게 짐을 다 챙기고 싶어서 샤워를 하고 짐은 다 챙겨놓은 상태였고. 애가 나와서 헬기를 타고, 너무 충격을 받아서 그러는지 애를 찾았다는 안도에서 그런지 [헬기를] 타고 올 때까지도 눈물이 안 나는 거예요, 머엉. 네. 그리고 오히려 애 아빠는 나 손을 잡아주길래 '아유, 그래도 아빠라고, 남편이라고 손잡아 주나 보다' 했더니 나중에는 "무서워서 손잡았다" 하더라고. 나는 옆에 앉아가지고 애 관에다가 손 올리고 오는데, 애를, 관을 보고 그 속에 들어가 있는데 이상하게 눈물도 안 나고 '여기를 빠져나갈 수 있구나'라는 생각이 들었던 거 같애요. 그래서 와서도 그 절차에 따라서 그냥 멍때리고 몸만 계속 움직이고 있었고. 그래서 아이들, 우리 그 호성이 장례를 치르면서도 사진을 보면서도…(침묵).

면담자   고대병원으로 가셨나요?

호성 엄마   아니요, 단원[병원]. 그때 아이들이 6반이 많이 올라오고 그래 가지고 고대병원도 자리가 다 차지한 상태였어요. 그래서 기다렸다가 하면 4일이 걸린다 하더라고요. 그래서 바로 우리는 하겠다[장례를 치르겠다고] 그래서 단원병원으로 갔었는데, 스님이 와가지고 그 절차를 다 밟고 하는데도 그냥 막연하게 눈물도 안 나고. '애가[애를] 찾았구나'라는 그걸 [생각이] 들었는지 그냥 막연하게 있다가 어느 순간에 눈물이 났냐 하면, 단원고를 갔을 때. 단원고를 갔을 때 딱 들어가는데 화장터를 가기 전에 단원고를 가잖아요. 딱 들어가는데 '우리 애가 아침부터 여기서 공부한 자리야. 7시 반에 가서 10시 반에 갔던[하교했던] 이 자리야. 이 딱딱한 자리'. '내가 뭐 한다고 애한테 자꾸 공부, 공부했지? "공부만 잘하면 돼. 남자는 머릿속에 든 게 있어야지 남자지". '이 딱딱한 의자에서, 앉아 뭘 했지?' (침묵) 그란데 여기에서 (한숨) 애가 가기 전에 공부했던, 실내화라든가 그게 있잖아요. 그걸 보고 미쳐버리겠는 거예요. 내가 이 공간에서 애를 뭐 하라고 여기다 가둬가지고. 무슨 말 하면 "그것은 버릇없는 행동이야, 이런 말은 나쁜 말이야, 예쁜 말 써야지". 이게 뭐야 도대체, 애를…. 그래서 신발이랑 애 책상이랑 의자에 [얼굴을] 파묻고 그냥 엉엉 울었던 거 같애요. 이것은 뭔가가 나도 모르게 거기에서 보는 순간에, '이렇게 짧은 인생을 살고 갈 바에야 내가 애를 왜 이랬던 거야'. 이게 모든…, 사람을 완전 미치게 하더라고요(한숨).

그리고 화장터를, 울다가 맥이 빠져서 화장터를 갔는데 애를 거기에 넣어서 태우는데도 멍때리는 거예요. 그리고 가루가 돼가지고 왔는데, 왜 믹서기[분쇄기]에다 가는 거예요. 그것도 감각도 없어. '이게 뭐[무슨] 삶인가? 사람이, 내가 지금 꿈속에서 헤매고 있을 수도 있겠구나. 어떻게 사람이 순간적으로 저렇게 갔다가 순간적으로 재가 돼가지고 저걸 믹서기에다가 갈고 있고'. 저게, 이게 이런 생각이 이것은 '사람은 그냥 죽음뿐인 거구나'라는 생각이, 아무것도 하찮은데 뭘 그렇게 바둥바둥 내가 이렇게 살려고 했지? 자기 자신에 대한 회의를 하면서 옆의 남편에 대한 [생각이] 들면서 보면서 '난 너하고 살고 싶지 않아. 내가 지키려고 발버둥 쳤던 게 다 무너졌는데 내가 당신하고 살면서 노력할 필요가 없다'라는 게 생각이 들었어요. 우리는 1년 동안 많이 싸웠어요, 그거 가지고. 그래서 지금까지는 살려고 다녔던 거 같아요. 진짜 누가 말하면 "애를 위해서", "호성이 어머니, 대단합니다" 하지만 그게 아니에요. 응, 그 빈자리를, 자식의 빈자리를 찾기 위해서, 혼자서 못 견디니까. 살라고 발버둥 치고 사람들 만나고 그라고 지금 살고 있지 않나…. 그런데 이 부모가 뭐라고 얘기하겠어요. 그라고 있어요, 지금은.

10
마무리

면담자　　　어머님, 오늘 여기까지 하고 제가 한 가지만 사실관계 확인을 위해 질문을 할게요. 호성이의 짐을 먼저 받으신 건가요?

호성 엄마　　아니요, 호성이 장례를 치르고. (면담자 : 날짜는?) 날짜를 정확히 저가 기억을 못 하겠어요. 5월 말쯤이 될 거 같은데, 그것은 저가, 서류 같은 건 애 아빠가 가지고 있거든요.

면담자　　　그리고 핸드폰이나 이런 거는 못 찾으셨고요.

호성 엄마   네. 핸드폰 같은 것도 처음에는 아이들이 다 손에다 거의 핸드폰은 가지고, 이렇게 손이 굳은 채로 핸드폰을 들고 온 친구도 있었는데…. 그 후로는 우리가 아이들이 증거가 바로 나오잖아요, 애들 표정서부터 그때 마지막 장면이 어땠을 거라는 걸. 근데 그런 말이 돌고 나서는 나중에는 아이들이 다 잠자는 것처럼 똑바로 해서 나왔어요, 빤듯하게 초창기에는.

면담자   그럼 15일 이후에는 호성이한테 직접 이야기를 들으신 거는 없는 건가요?

호성 엄마   들은 것은 4월 15일 날 전화가 와서 애가 짜증을 많이 부렸어요. 배가 나는 떠난 줄 알고 있었는데. 한 7시가 쪼까[조금] 넘어서 안개 껴서 "엄마, 배가 자꾸 안 떠나고 있어. 안 간다고 했잖아, 엄마. 너무 짜증난다, 배도 고프고". 그래서 "일기예보는 안개 낀다는 소리 없었는데, 안개 끼었다 그러면 선생님들이 안 갔을 텐데". 애 아빠하고도 내가 통화하면서 "안개가 꼈대요" 그러니까 "그 정도면은 선생님들이 안 갔을 텐데" 그런 말을. "아들, 조금만 참아봐". 전화 통화로도 "선생님 언제 가요?" 하고 물어보니까 선생님들이, 애들이 우왕좌왕하니까 선생이 "가만있어, 얘들아" 그런 목소리 들리고 한 세 번인가 통화를 했어요. 세 번인가를 통화를 하고, 문자도 하고.

면담자   15일 날 저녁에요?

호성 엄마   네, 네, 저녁에. 그래서 그러면 나중에는 계속 짜증 부리고. 한 세 번인가 통화할 때 마지막일 때 "엄마, 밥 먹었어요. 그런데 배가 떠나려나 봐요", "배가 떠나니?" 그러니까 "움직이기 시작한 거 같애", "그러면 이왕 간 거 짜증 부리지 말고 잘 갔다 와" 그런 식으로. "너무 큰 배니까 멀미 그렇게 심하지 않을 거야" 그런 식으로 애를 달랬죠. 문자 같은 거 그때 했을 때 애를 달래는 문자를 많이 했어요. 달래는 문자를 많이 했는데, 애 아빠가 보면 애를 그렇게[오냐오냐해서] 키운다 할까 봐 지워버렸죠. 네, 그게 애하고 마지막 통화예요.

면담자　　　알겠습니다, 어머님. 오늘 너무나 힘든 이야기인데 긴 시간 동안 말씀해 주셔서 감사드립니다.

호성 엄마　　　네, 감사합니다.

2회차

2016년 10월 31일

1
시작 인사말

면담자   본 구술증언은 4·16 사건에 대한 참여자들의 경험과 기억을 기록으로 남김으로써 이후 진상 규명 및 역사 기술에 기여하고자 합니다. 지금부터 정부자 씨의 증언을 시작하겠습니다. 오늘은 2016년 10월 31일이며, 장소는 안산시 단원구 정부합동분향소 내 불교방입니다. 면담자는 이현정이며, 촬영자는 김솔입니다.

2
1회차 이후의 마음

면담자   일주일 전에 어머니께서 1차 구술을 해주셨어요. 그 이후에 어떠한 생각이나 마음이 드셨는지요?

호성 엄마   1차 구술을 하고 나서요? 마음에 안 들었어요(웃음).

면담자   힘드셨어요? 아니면 내용이 맘에 안 드셨어요?

호성 엄마   내용도 뒤죽박죽하고 머리도, 요즘에 자꾸 돌아서면 까먹고, 까먹고, 그러더라고요. 일단은 첫 번째는 이런 참사가 일어나고 나서는 "정신을 똑바로 차려야겠다. 내가 정신을 잃으면 안 되지"라고 다녔는데 요즘은 무력감에 빠진 거 같아요. 그래서 그냥 멍때리고 있는 시간도 있고. 그래서 돌아서면 "내가 무슨 말 했지?" 이게 일이 정리가 안 되는 이런 상황 있죠. 그리고 가고 나서는 "무슨 말을 했을까?" 그러면 호성이 아빠한테 "우리 애가 3단이었지?" 그러니까 "2단이야"(웃음). "합기도 난 3단이라 했는데", "다음에 수정하면 되지 뭐" 그런 말도 했는데요. 이게 그냥 이 머리가 무거워요. 뭐가 가득하게 나쁜 게 들어 있는 거 같은, 생각이 맑지가 않고, 뭘 해도 불만이죠, 내가 내 자신한테. 그냥 그렇게 보냈던 거 같애요.

면담자　　혹시 지난번 구술에서 어떤 점이 좀 부족해서 덧붙이고 싶거나 정정하고 싶은 부분, 특별히 마음에 걸리시는 부분이 있나요?

호성 엄마　　전체적으로 다 그래서요. 일단은 내가 시간이 흐르고 구술이라는 것을 하고 있잖아요. 하고 있으면서, '나도 이게 이 감정적으로라든가 기억에서 희미해져 가는구나' 그걸 느꼈어요. 희미해져 가서 동거[차도], 진도체육관에서 걷기를 했던 거라든가…. 그니까 이게 감정이, 이게 뭔가 이어지지 않는 거에 대해서 '참 큰일이다'라는 생각을 했거든요. 그래서 여기에서 '교수님이나 알아서 다 정리해 주시겠지'. 이게 한편으론 그러면서 '참 이래 가지고 어떻게 끝까지 싸울 수 있을까?'라는 내 자신에게 다시 한번 돌아보는 계기가 됐어요. '그 큰일을 당했는데, 왜 내가 내 자신의 일을 이렇게 먼, 드라마를 한 편을 보고 그냥 그랬었지 하고 상상을, 생각을 하지? 이래 가지고 나중에 어떻게 끝까지 싸우지? 이게 과연 자식을 잃은 부모가 맞나?' 이런 게 이상한 생각을 많이 하게 됐어요. 네, 그래서 이게 내가 너무 아파서 생각을 안 하고 싶어서 자꾸 기억을 회피하는 건지, 원래 사람이 시간이 지나면 이렇게 잊혀져 가는 건지, 그것을 뚜렷하게 몰라서. '그날그날을 정리하는 습관을 들여야 되겠다'. 그것을 생각을 했었죠. 다 부족한데 교수님이 알아서 해주시겠죠. 지금 다시 얘기해도 똑같을 거 같애요.

3
진도대첩과 KBS 항의 방문

면담자　　　알겠습니다. 나중에 같이 검토할 수 있는 시간이 있고, 부족하면 저희가 다시 구술할 수 있는 기회를 마련할 거니까요. 너무 걱정 안 하셔도 될 것 같아요. 4·16 참사 이후에 2년 반 남짓의 시간이 지났어요. 그간 가족분들께서 참 많은 투쟁활동을 진행해 오셨는데요. 보다 정확한 구술증언 수집을 위해서 저희 구술팀에서 활동들을 시기별로 정리해 봤어요.

그래서 앞부분에서는 우리가 정치 투쟁이라고 하는 것들, '특별법 제정, 진상 규명, 시행령 반대, 교실 존치' 이런 것과 관련된 투쟁 활동 내역들에 대해서 확인을 하고, 어머니께서 어떠한 활동에 참여를 하셨는지, 그것을 참여하신 동기는 뭔지, 거기서 어떤 일을 하셨는지 이런 것들을 먼저 말씀을 듣고요.

그다음에는 정치 투쟁 말고 공동체 활동, 예를 들어서 4·16공방 하시는 분들도 있고 4·16합창단 하시는 분들도 있고 종교 모임 등등 여러 가지 있잖아요. 어떤 것에 참여하셨고 마찬가지로 어떤 계기에 혹은 어떤 이유에서 그것에 참여하게 되셨는지, 이런 것들을 여쭤보도록 하겠습니다. 그럼 제가 하나씩 말씀드리면 참여하신 것에 대해서 말씀해 주시면 되는 겁니다. 첫 번째는 우리가 진도대첩이라고 하나요? 4월 20일에 실종자 가족들이 청와대를 향해 행진을 했습니다. 어머님 같이 행진하셨었나요?

호성 엄마　　　네, 네, 진도에서. 그래서 [진도대교] 앞에 가서 가슴하고 뒤쪽하고 눌려가지고 그쪽에서 쓰러졌었어요, 숨을 못 쉴 정도로. 그러니까 한쪽에 앞에 경찰이 우르르, 그런 장면은 처음 봤으니까요, 그런 장면은 처음 봤는데….

면담자   같이 가게 됐었던 그 시점이 새벽이었죠?

호성 엄마   네, 그렇죠.

면담자   기억나는 대로 한번 말씀해 주시겠어요? 어떻게 해서 동참하게 됐고, 그 상황을 기억나는 대로 한번 말씀해 주세요.

호성 엄마   그때는 "우리가 이라고 있으면 안 된다. 아이들이 전혀 구조가 안 되고 있고, 거기에 책임자들도 전혀 나 몰라라 하고 있는 상황이다. 지금 TV에 매스컴에 나와 있는 거 [실제]하고 전혀 다르게 방송이 나가고 있다. 그럼 우리는 책임자를, 대통령을 만나야 되겠다" 라고 했어요.

그때 저희는, 호성 아빠하고 저하고는 그 관객석 제일 위에 자리를 잡고 있었기 때문에, 사람들이 우르르 [나가면서], 그때 반별로 얘기가 되었어요. "가자" 어째 돼가지고 "그럼 나갑시다" 해가지고, 그때 같이 도보를 하게 됐거든요. 도보를 하게 됐는데, 벌써 경찰들이 우르르 해가지고 경찰차가 있고. 전혀 그런 상황인지도 모르고 우리는 '지금 왜 이 시점에서 전혀 뭔가를 안 하고 있느냐', 그 답답함에 간 건데 벌써 경찰들이 앞을 가더니 차로 그냥 벽을, 거의 다리 쪽을 지나가고 있을 때 거기에서 막기 시작했어요. 그래서 "비켜달라" 몸싸움을 하게 되었는데 저가 앞에 섰거든요. 가운데 끼여가지고 숨을 못 쉬게 된 거예요. 그래서 그때 쓰러질 것 같고 하니까 호성이 아빠가 이렇게 해서 뒤에 일단은 경찰차나 병원차는 아니고 조그만 봉고차 같은 게 대 있을 거예요. 그래서 그것을 차를 타고, 저 같은 경우에는 다시 진도체육관을 가서 링거를 맞고. 잠깐 이렇게 의식을 잃었다 그럴까요? 한참 하고 호성 아빠는 그쪽으로 다시 갔던 걸로 기억이 나요. 그러니까 거기에 체육관에서 한참을 [있다가] 눈을 떠보니까 혼자, 혼자 누워 있었고 옆에 부모님들 있고 애 아빠는 보이지가 않았었거든요.

면담자   6반 어머님, 아버님들이 같은 곳에 이렇게 모여 있었던 건가요? 아니면 흩어져 있었나요?

호성 엄마   네, 다 흩어져 있는 상태고요. 회의를 할 때 6반 어디어디에 오라고 처음에 모이는 그 계단이 있었어요. 거기에서 모이고 그런 식으로 흩어져 가고. 처음에는 반별 부모님을 몇 번 만나도 이 부모가 6반인지도 모르고요. 같은 조끼를 입고 아이들 명찰을 차고 그때부터 공유를 하고 "무슨 얘기 들었냐" 하고 같이 이렇게 했었죠.

면담자   네, 알겠습니다. 5월 8월, 9일 KBS 항의 방문 및 청와대를 향한 도보 시위 때도 참가하셨나요?

호성 엄마   네, 네, 그때는 저희 애가 2일 날 올라왔다 했잖아요. 2일 날 오고 3일장을 치르고 그때가 시간이… 내가 날짜… 일하고…, 참사 겪고 나서는 날짜를 정확히 외우지를 못해요. 그래서 저기 우리 여기 무슨 [단체]인가요, [4·16세월호참사]가족협의회가 만들어졌다고 지금 여[이]쪽에 축구장[와스타디움] 그쪽에 한 번 첫 번째[로] 갔고, 그 다음에 "KBS 그쪽에 가야 된다"라고 해서, 저는 그때 안 갔어요. 영정 사진을 들고 가는 게 싫었어요. 그래서 "영정 사진을 들고 걸어가야 된다"라고 해서, 많은 부모님들이 분향소에 들어가서 [영정 사진을] 가지고 내려올 때 나는, "우리 아이들 사진은 내버려 두고 우리끼리 가자"라고 했는데 더 많은 부모님들이 "영정 사진을 가져가야 된다"라고 해서, 저는 거기에서 "영정 사진을 가져가면 나는 안 가겠다"[고 했었어요]. 그때 호성 아빠는 나의 의견을 많이 거슬을[반대를] 했죠. 그때도 밤에 잠을 못 자고 밖에 돌아다니고… 그래서 잠잘 때는 끈을 묶어놓고 잤거든요, 어떻게 될까 봐. 그래서 나는 "영정 사진을 가지고 밖으로 돌아다니는 거는 싫다"[고 했어요].

면담자   어떤 면에서 싫으셨나요?

호성 엄마   아니요, 아니요. 아이들을 구하지도 못했는데 이 아이들 사진을 가지고, 사진뿐인데 내돌리는 게 싫었어요. 그니까 '부모들이 가서 싸워도 되는데, 왜 자식의 사진을 가지고 앞세워서 싸우냐'는 생각이 들었어요. 그래서 "그것은 싫다"라고 했었고, 그다음에 합류를 했죠. 부모님들이 이런 사항이 있고 자꾸 들을 거 아니에요. 그래서 마음이 되게 불편하더라고요. 그래서 사진을 가져가지 않고 그다음 날 "부모들이 많이 합류를 해야 되고, 지금 이런 상황이다", 그래서 그다음 날 합류를 하게 됐어요.

4
적극적으로 활동하게 된 계기와 간담회 경험

면담자   그다음에 5월 27일부터 29일까지 국정조사를 요구하면서 국회에서 2박 3일 농성을 했었습니다.

호성 엄마   네, 네. 그니까 내가 조금 전에 말씀했듯이 KBS 갔을
때는 아직까지도 내 아이는, 내 자신에 대해서는 '나는 불쌍한 사람.
내 아이를, 나는 열심히 살았는데 내 아이만 갔다'는 생각에 사로잡혀
있었어요, 나만 피해자인 것처럼. 그래서 "뭘 가져가" 이렇게 했었는
데 서서히 그때, 국회를 들어가게 됐죠. 국회를 들어가게 되면서 이
세상을 조금 조금씩 알게 된 거예요. '이렇구나, 지금 뭐가 문제가 좀
있구나. 이 부모들이 아이를 이렇게 보냈는데, 이것을 밝혀달라고 해
야 되는데, 당연히 국가는 밝혀줘야 하는데 왜 이렇게 막을까'라는 생
각이 자꾸 드는 거예요. 뭐가 '이건 당연한데, 왜 이 사람들하고 자꾸
싸워야 되고 부딪쳐야 되고. 이게 뭐지?'라는 생각이[에] 자꾸 사로잡
힌 거예요. 그때부터는 밖으로 돌기 시작한 거 같아요. 그러니까 뭔가
가 이상하게 돌아간다는 거지, [애초부터] 이 부모가[들이] 앞장서 가지
고 무엇을 하지는 않았던 거 같아요. 그냥 '같이, 우리가 같이 가야 되
겠다. 지금 뭔가가 이상하게 돌아가니 부모들이 같이 합류해서 힘이
돼야 되겠다' 그때까지도 그런 마음으로 다녔던 거 같아요. '내가 주도
가 되어서 뭘 하겠다'가 아니라 한자리에 모여 있고, 뭔가를 이것은,
그러니까 인식이 뭔가 '이건 아니야, 당연히 국가가 해줘야지' 그런 인
식에서 조금씩 생각이 바뀐 거죠. 근데 내가 원래 성격상 내성적이고,
이것 있잖아요, 선뜻 자식의 일이라 나서지 못하고. 그래서 항상 뒤
축, 뒤에서 부모들이 행동하는 거 보고 그들이 행동하는 거 보고 뒤에
서만 있었던 엄마예요.

면담자   '다른 가족들이 하니까 나도 힘을 실어줘야지'라는 생각

으로 동참하셨군요.

호성 엄마　　　네, 네.

면담자　　　그러한 마음이었는데 '어, 이거 이상하다. 왜 당연히 해줘야 되는 걸' (호성 엄마 : 그럼요) '국가가 안 하고 우리가 이 사람들하고 싸워야 되는 걸까?'라는 의문이 조금씩 들기 시작하셨구요. (호성 엄마 : 네, 네) 어머님께서는 '이거는 진짜 이 사람들이 뭔가 잘못한 거다. 우리가 정말 제대로 싸울 수밖에 없는 문제구나'라고 어느 순간 생각이 완전히 바뀌신 거죠? 그게 어디에서부턴가요? 국회 들어가서부턴가요?

호성 엄마　　　일단은 국회에 들어갔을 땐, 초창기에 국회를…. KBS에 들어갔을 때는 '아이를, 우리만 싸워도 되는데 우리만 가서 얘기를 하면 충분히 될 거 같은데 아이들 영정 사진을 가지고 앞세워서 아이들을 그렇게 하냐' 그런 마음이 들었었고, 국회에 가서 했을 때[는] '이게 도대체가, 이게 당연히 해줘야 되는데 왜 이럴까'라는 생각이 들면서, 그분들한테 이게, [국회에] 오시는 분들과 [함께]하면서 귀에[귀가] 트인 거죠, 한마디로 말해서. 그냥 가정밖에 모르는 엄마가 밖에 나가면서 '이건 돌아가는 상황이 이상하게 돌아가고 있구나'. 진짜 이 대한민국 국가를 믿었는데, 알아서 해줘야 되는데 뭔가가 안 해주고 우리가 "부탁합니다", 의원님들 만나고 "부탁합니다, 부탁합니다. 잘 좀 해주세요" 이렇게 사정을 하게 되는 이상한 세계에 빠져 있더라고요.

　　그러면서 집에 오면 잠을 못 자고 밤에는 우리 아이하고 걸었던 데, 그런 데를 단원고 앞을 빙빙 돌아다니면서 울고 다니고, 집에 있으면 숨 막혀가지고. '죽음이라는 건 이렇게 빨리 죽을 수도, 쉽게 죽을 수도 있는데 내가 왜 이러지' 하다가, 아침이 되면 여기서 버스를 타고 그냥 습관적으로 다닌 거예요. 일단은 내가 한편으로는 '같이해 줘야겠다'는 마음도 있지만, 한편으로는 '내가 이라[레]고 있으면 안 되겠구나' 내가 집에 있으면 숨 막히고 미칠 것 같으니까 내가 살기 위해서 다닌 것 같기도 하고요.

한편으론 애 음성이 자꾸 들렸어요. "엄마 뭐 해?" 근데 그니까 애하고 이런 참사가 일어나기 전에 나는 그냥 나 가정사에, '이 엄마가 참으면 집이 다 편하다'고 나는 생각을 했거든요. 근데 우리 아이는, 호성이는 그걸 되게 답답해했어요. 아빠한테도 그렇고 할머니한테도 그렇고 뭐 하면 "네, 잘못했습니다", "네, 어머님 미안해요". 애가 봤을 때는 그게 '공평치가 않다'라고 생각을 했던 거 같아요. "엄마는 참 답답해"라는 말을 많이 했어요. 그러면 애한테 그 표현을 나도 모르게, 애가 '엄마는 참 답답하게 왜 저렇게 당할까'라는 생각이 들었을 때[는] 내가 은연중에 그[런] 표정이 있었겠죠. 근데 우리 호성이가 그런 대화를 많이 받아줬기 때문에 호성이한테 푸념 아닌 푸념을 했었을 거 같애요. 가끔가다 "엄마, 말은 똑바로 해야 돼. 엄마가 힘들면 힘들다고 얘기하고, 엄마 무거운 거 들지 마. 그러니까 아빠가 엄마가 다 할 줄 알고 다 맡기잖아". 그런 말을 많이 해줬기 때문에 내가 그 생각에, '내가 어떻게 살면 되지?', '내가 어떻게 살지?' 그런 생각에 사로잡히면서 그게 나도 모르게 그런 음성이 들렸다고 생각하는지는 모르지만, 애 음성이 "엄마 뭐 해? 엄마 뭐 해?" [들리면서] 그때부터 서서히 '내가 이렇게 어리석게 바보같이 살면 안 되겠다'라는 생각이 들었어요.

그냥 그래서 애 아빠하고도 애를 보내놓고 1년 동안에 많이 싸웠던 계기가 된 거 같아요. 그 전에는 "응, 응, 알았어, 미안해", "그래, 그런 생각이었어? 어, 미안해" 그러고 많이 들어줬는데 애가 가고 나서는 '이렇게 살지 말아야지'라는[고] 생각이 바뀐 거예요. 그때부터 애 아빠가 [말이] 안 되는 이상한 말을 하면 그걸 따지게 된 거예요. 그니까 애 아빠도 그 전에는, 애가 있을 때는 많이 참고 그러더니 나한테 공격적이고 나를 더 아프게, 말도 아프게 해버리고 그래서 1년 동안은 엄청 싸웠던 계기가 돼서, 항상 '내가 어떻게 살 것인가' [생각했어요].

애 음성이 들린다고 했잖아요. "엄마 뭐 해?" 그래서 그 국회, 하염없이 국회 가고 처음에 마지막에 못 들어가기도 했고, 담 넘어 들어가기도 하고. 그래 이게, 그 마음속에 이게[투지가] 불타오르기 시작한 거죠. '내 자식이 힘들게 갔구나. 그러면 이렇게 살면 안 되겠구나. 용기를 내야 되겠구나'. 그게 그래도 말을 못 했어요. 어떤 부모들은 간담회를 가고 밖에 나가서 얘기를 하는데, 나한테 말을 시킬까 봐 저는 뒤쪽에 앉아 있고 그냥 무언가를 하고 있었어요. 그리고 광화문에도 가서 자꾸 하고, [그러던 것이] 청운동에 가서 이게 변하기 시작한 거 같아요.

청운동에 가서 애 얘기를, 호성이라는 이름을 꺼내자마자 나의 인생에 뭐가 복받쳐 가지고 말도 못 하고. 거기서는 뭔가를 도와줘야 되기 때문에 점심때가 되면 도시락을 나눠주고 거기에 분리수거를 한다든가 그런 일만 했던 엄만 거 같아요. 가만있지를 않고 뭐라도 도와주고 싶은데, 그렇게 하는데 거기에서 서서히 엄마들이 저녁 시간이 되

면 발언을 하고 모이게 된 거예요. 근데 그거 말시킬까 봐, 그냥 말시
킬까 봐 그게 싫었어요. 근데 뭔가를, 열심히 리본을 만들고 끊임없이
뭔가는 하고 있었어요.

그런데 그쪽에[대외 활동에서 발언을 하고 적극적으로 활동한] 계기가
된 것은 정봉주, 그쪽에서 엄마들이 그때 추석이었을 거예요. 2014년
도 추석이었는데 엄마들이 그쪽에 뭐를 했으면 좋겠다고 해서, "호성
이 엄마, 항상 가 있으니까 호성이 엄마, 저거 해" 그래서 나는 그건지
모르고 "응, 응, 뭔데?", "엄마들 가서 몇 마디 하면 된대", "말하기 싫
은데" 하니까 "엄마들 옆에 앉아 있으면 돼" 그래서 갔는데 그게 녹화
방송이었던 거예요. 녹화방송인데 내가 서러워서, 이 마음속에서는
뭔가를 하고 싶은데 서러워서 그냥 울기만 했던 거 같아요.

면담자   그게 무슨 녹화 방송인가요?

호성 엄마   그니까 정봉주 의원, 그게 뭐더라? 벙커라고 할까요?

면담자   팟캐스트 '정봉주의 전국구'였네요.

호성 엄마   네, 네. 그니까 뭔지도 모르고 그 옆에서, 주차장 있는
데서 돗자리 깔아놓고 하는데, 다른 엄마들은 너무너무 말 잘하잖아
요. 우리 성호 엄마 있고, 다른 어머니는 완전히 전문가예요. 우리 성
실이 언니도 그렇고 다 전문간데, 나는 바보처럼 애 얘기를 하면서 그
냥 마냥 울었어요. 그냥 "미안하다"고 그냥 마냥 울었던 거 같아요. 할
말이 없고 그냥 이건 나쁜데, 그냥 쫓아다니면서 분리수거 하고, 광화
문 가서 하고, 기자회견 하면 뒤에 서 있고, 저녁에 거기에 촛불집회
한다면 서 있고, 거기에 목사님들이 와가지고 기도하면 그쪽에 가서

서 있고. 그렇게 하다가 '이것은 이라[레고 다녀서는 안 되겠구나, 뭔가를 해야 되겠다, 이것이 나쁘다는 건 아닌데 뭔가를 해야 돼'. 그때부터 간담회를 신청했죠.

면담자   청운동 주민센터에서의 농성이 어머님한테 어떤 계기가 됐네요. (호성 엄마 : 네, 네) 완전히 적극적으로 활동하게 되신 거죠?

호성 엄마   적극적으로 성격을 바꾸게 된 거죠. 이렇게, 내가 내 자식이 그렇게 갔는데, 내 자식은 나한테 진짜 짧은 인생을 살면서 사랑을 주고 간 아이인데…. '내가 한 가정을 꾸리면서 최소한은 바르게 살아야 되겠다'고 생각을 한, 그게 우리 호성인데 '내가 지금 뭘 하고 있지?' 똑같이 아침에 가서 청운동 가서 분리수거만 하고 있는 거예요, [참사 전에] 내가 했던 일처럼. 그래서 청소하고, 뭐 하고 오는 사람 커피 갖다주고. 계속 그런 일을 하고 있어서 '이거 이래 가지고…'. 근데 그쪽에 있을 때는 간담회를 가서, 다른 데 가서 얘기를 해야 되는데, 그 부모 인원수가 그렇게 많지가 않았어요. 한정이 돼 있고 그래서 '한번 해보겠다' 그래 가지고, 첫 번째가 저 수원 그쪽으로 갔었던 거 같애요. 거기에 어떤 작가분이, 그림 작가 선생님이었는데 거기에서 세월호 전시를 하면서 "가족 두 명 참석을 와달라" 해서 영만 엄마하고 그래서 갔는데, 거기에 딱 그림을 보는 순간에 아이들의 배가 있고 "함께하겠습니다" 그 노랑[리본이] 있고 그걸 보는 순간에 그냥 거기서부터 울기 시작한 거예요. 나가서 얘기를 해야 되는데 말을 못 하고, 밖에 나가서 그냥 고개 숙이고 엉엉 울었던 거 같애요. 그때는 그분들도 그냥 우는 것만 해도, 그분들이 이해하고 그랬었으니까. 그렇게 됐는데, 그렇게 다섯 번 정도는 다녔던 거 같애요. 근데 내가 '이렇게 다니지 말아야 되겠다'라는 생각이 들어서 눈물을 흘리면서도 끝까지 얘기를 했죠, 그때는 나의 느낌 그대로.

면담자　　　주로 어떤 말씀을 하셨나요?

호성 엄마　　　그때는 제가 바라보는 세상은, '어른들이 다 나쁘다'고 생각했어요. 어떤 분들은, 부모들은 '이 세계에서는, 이 세상에서는 안 되니까 거의 대학생들이 앞장서서, 우리 때 안 되면 학생들이 다 이어가야 된다'고 생각을 했지만, 나는 "우리 시대가 참 나쁘다. 우리 시대가 우리 나이대가 아이들한테 그렇게 교육을 시켜놓고, 왜 우리가 책임져야 될 일을, 우리가 그렇게 만들어, 그 욕심 때문에 [이렇게] 만들어놓고서 애들한테 그것을 물려주냐. 이게 아니라 그 가정에서 엄마가 바뀌어야 되고, 아빠가 바뀌어야 된다", 그런 식으로 외치고 다녔죠. "왜 애들은, 진짜 애들 때는 더 힘들다. 더 힘든 세상이 돌아올 텐데 우리가 이렇게 만들어놓고, 우리 욕심이면 우리가 바뀌어야지", 그런 걸 많이 외쳤던 거 같아요.

그리고 솔직히 말해서 선생님한테는, 교육이 바뀌어야 되면 선생님이 바뀌어야 되는 거고, 가정에서는 엄마, 아빠가 바뀌어야 되는데, 엄마, 아빠는 가만히 있고 너네들한테 맡긴다는 게 그게, 그런 식으로 많이 뭐랄까요, "함께해 주세요"라는 거보다 그분들한테 오히려 더 소리를 쳤던 거 같아요. 이 세상에 나는 진짜 평범한 엄만데, 와보니 다 각자 자기가 책임을 져야 될 일은 전혀 책임 안 지고, 그냥 "너가 잘못됐잖아, 너가 잘못됐잖아". 그런 방식이, 진짜 딱 나와보니까… 이 세상이, 다른 세상은 모르겠지만 대한민국 사회에서 그래[리]고 있더라고요.

이 많은 아이들이 갔는데, 내 아들딸들 같은 애들이 갔는데 책임을 안 질라 그러는 세상이 이상했어요. 인간적으로 납득이 안 가고 '이게 어떻게 사람 사는 세상이지? 아, 우리가 지금 이상한 세계에 지금 빠져서 살고 있구나. 우리 사회가 진짜 이런 사회였어?' 거기에서도 충격을 받았고. '당연히 이거는 해줘야 되는데, 왜 이게 자식을 잃은 부모들이 이렇게 돌아다니지? 자식을 잃은 부모들이 하소연을 하고 함께해 달라고 하고 다니지?' 그런 것이 참, 조금 이해가 안 됐던 거 같애요.

면담자   간담회를 몇 회 정도 다니셨나요?

호성 엄마   간담회를 그러고 다니고요. 진짜 몇 회라고는 할 수 없이, 그때는 잡아주면 갔던 거 같애요, 잡아주면 가고.

면담자   어느 정도 가셨는지는 기억 안 나세요?

호성 엄마   네, 네, 기억이 안 나고, 잡아주면 갔었고. 『금요일엔 돌아오렴』 책이 나왔어요. 간담회를 다니면서 『금요일엔 돌아오렴』을 [알렸어요]. 저가 1주기 때, 그 계기가 된 것은 안산으로 들어오는 계기가 됐던 것은 1주기, 1주기죠. 1주기 때 우리가 삭발을 했잖아요. 삭발을 했을 때 발언이 들어왔어요, 삭발하기 전에. "호성 엄마가 좀 발언을 해줬으면 좋겠다, 광화문에서".

그때 거의 1년도 되지 않았는데, 이 국가에서는 막말로 1주기를 며칠 앞두고 그걸 했었죠? 보상 얘기가 먼저 나오게 된 거예요. 그때 너무 치가 떨렸어요. 그때는 내가 원하는 것은 우리 애가 어떻게 갔는지 의문점을 다 풀어주고, 진짜 진심으로 그 사람들을 처벌하고 그 마음이 더했던 거 같애요. 아이들이 갔다고, 이 세상을 떠났다고, 눈에 안 보인다고 사과 한마디 없이 돈을[돈 이야기를] 먼저 꺼냈을 때, 너무 수치스럽고…. 네, 화가 많이 났던 거 같애요. 그래서 '사과하란 말이야, 내 새끼한테. 내 새끼한테 무릎 꿇고 사과해, 응? 내 새끼가 살아 있을 때도, 나도 내 새끼한테 미안하면 "아들 미안해, 엄마가 이런 마음이 있었고" 사과를 하고 사람 사이에는 사과를 해야 되는데, 잘못한 거 있는데 사과는 안 하고 돈이나 줄게 받아가지고 이걸 쓰래. 이게 말 같은 소리야?' 그런 생각에 너무 분노에 차 있는데 1주기 때 삭발하기 전에 발언을 했었어요, 무슨 말을 했는지도 모르고 내 마음속에 있는 걸 다 털어놔 버렸죠. 그리고 삭발을 하고 딱 왔는데…. 발언을[이] 끝나고 봤는데 '아, 이 사회가 좀 이상하다'라는 생각이 들었어요.

어떤 느낌이 들었냐면, '내가 여기에서 진짜 활동가들한테 이용당할 수 있겠구나'라는 생각이 들었어요. 발언을 하니까 여기저기서 "호성 엄마, 이 정권이 바뀌어야 되지 않아요? 우리가 새로운 당을 만들라 그럽니다. 이쪽에도 들어왔으면 좋겠어요. 호성이 엄마 같은 사람이 있었으면 좋겠어요". 그래서 '나는 자식을 잃은 부몬데, 어, 이거 참 희한한 세상에 지금 [내가] 있구나'. 나는 내 자식이 어떻게 갔는지 궁금하고 사과를 요구했던 엄만데, 나는 진짜 머릿속에 배움도 그렇게 없고, 그냥 평범한 엄만데, 그렇게 여기저기서 말을 하고 아는 체를 하는 게 되게 부담스러웠고. 이게 엄마가 참 희한하게, 그 뭐라 하죠? 한마디로 말해서 '[내가] 앞세워져서 그런 이상한 인물이 될 수 있구나'. 우리는, 이게 마음속에 있었어요. '우리는 함께 가야 되고, 우리 가족은 그 학생들이 있기 때문에 나 혼자가 아니고, 내 아이의 이름에 함부로 욕을 먹여선 안 되겠구나' 했는데, 그런 거[예상하지 못한 상황]

에 있어서, 그래서 안산으로 들어온 계기가 된 거예요, 1주기 넘어서.

면담자   청운동 주민센터에서 농성을 하시면서 '뒤처리하고 잡일하는 사람이 아니라 뭔가 정치적으로 발언할 수 있는 그런 엄마가 되어야겠다'라고 생각을 하셨지만, 광화문 삭발식에서 '이걸 이용당할 수 있겠구나' 하신 건가요?

호성 엄마   응, 정치적인지는 몰랐죠. 그냥 얘기하라고 그러니까, 그 기자회견 때 삭발하기 전에 엄마들 쫙, 아빠들 있잖아요. "호성 엄마가 발언을 했으면 좋겠다" 그래서 발언을 한 건데, 그 발언이….

면담자   정치적으로 비쳐버린 건가요?

호성 엄마   네, 네. 다른 식이 되어버린 거예요. 그러니까 자기네들이 하고 싶은 말을 '저 엄마가 대타로 해줬다'라는 생각이 들었던 거 같애요. 그니까 그 전에도 그냥 읽고, 좋은 발언 이렇게 하고 그랬는데, 저 엄마가 '니가 처먹어라' 이런 식으로 하니까, "이게 뭔가 [맺힌 게] 풀렸다"라는 말을 많이 해주더라고요. 그래서 "어, 이게 아닌데?" 그리고 그 전에는, 말이 왔다 갔다 하는데, 저가 1주년 되기 전에 한, 겨울 11월 달인가, 12월 달인가 『금요일엔 돌아오렴』 그 책을 (면담자: 북 콘서트) 네, 하게 된 거예요, 그쪽에서.

면담자   1월 29일이네요.

호성 엄마   네, 네. 그니까 그 책을 쓴 것은 한 9월이나 10월 됐을 거예요, 2014년도에. 밖으로만 돌다가 연락이 왔기에, 그러면 내 마음속에 아이가 국어 선생님이 되고 싶어 했고, '이 책으로 뭔가를 남기면, 남겨주면 애한테 선물이 되겠구나'라는 마음에 응했던 거예요. 그래서 응하게 되었는데, 그때 호성이의 소책이 나왔어요. 서점에 가면은 이렇게 소책이 나와서, 그게 너무 고마워서 거기에 엄마 대표로, 13명의 엄마 대표로 알리기를 시작한 거예요, 알림이로.

그 알림이로 시작했는데 그것을 알리고 돌아다니다가 넘어져 가지고 오른쪽 다리가 금이 가가지고, 금이 간 상태에[서도] 이게 너무 고맙더라고요. 창비[창작과비평사]에서 이 책을 내줬는데 다른 부모들도 다 냈던[데], 책을 썼는데 호성이 것만 조그만 소책이 나오니까 이걸 보답하고 싶다는 생각이 들었어요. 내가 뭔데 호성이만 [따로 나오니] 너무 기쁘기도 하고. 그런데 계획을 다 잡아났는데, 이쪽에서도 호성이 엄마랑 누구랑 같이하라고 계획을 잡아났는데, 이게 다리가 부러진 금이 간 상태에서 통깁스를 하고 다녔어요. 그때 우리 부모님들이 집까지 와가지고 저를 태우고 다니고 그래서 했었죠. 근데 거의 빠지지 않고 그 부모들보다는 더 많이 다녔더라고요, 빠지지 않고 외치면서.

"이것은 13명의 가정이 아니라 304명의 가족의 이야기다". 들어달라고 외치고 돌아다녔던 거 같아요. 외치고 돌아다니면서 나의 말은 무조건 함께해 주라는 게 아니라 그냥 질러댔던 거 같아요. "이 국가가 이렇다, 그런데 우리가 바뀌어야 된다. 우리의 책임이다. 애들한테 물려주지 말아라". 그런 식으로 이렇게 다녔던 거 같고. 그러면서 1주기를 하면서 그런 발언을 하고. 그런 게 말이 많이 들어왔길래, 나는 '그러면 내가 첫 번째 생각했던 여기를 와야 되겠다, 안산에. 내 자식의 고향이고 내가 젊은 날에 고생했던 이곳에. 왜 안산을 등한시하는지 모르겠다'.

그라면서 2014년 겨울에 우리 통반장[과의 만남] 거기에서 상처를 받고, 1주기가 되어서 다시 여기를[안산에] 들어와서, 우리 예은이 엄마랑 생각이 같아 가지고 안산 팀을 꾸렸어요. 안산 팀을 꾸려서 "안산에서는 밖에서부터 이렇게 소리를 지르고 다니면 안 된다. 만약에 이것은 사고라고 해야지, 학살이라고 하고 그러면 안산 사람들은 너무 아파할 거다". 여기 초창기에 우리가 밖에 있고, 아이들이 아직도 수습도 안 되고 밖에 있을 때, 안산 분들이 거의 우리 아이들을 수습을 해줬잖아요. 상주가 되어서 다 해줬는데 그때부터 감사의 인사를 하러 다녔어요. 그리고 안산 시민 단체에도 간담회를 열어달라 해가지고, 교회든 어디든 마구 다녔던 거 같아요.

근데 [20]14, 15년도에 그렇게 다녔고, 우리가 교육을 많이 받았죠. 이 엄마들이 교수님들한테 교육받은 적이 없어요. [교육받으며] 만나서 무슨 말을 해야 될 것이며 나와서 발언도 해보라 그리고. "안산 팀은 좀 틀려야[달라야] 된다, 다른 지역하고". 그래서 자꾸 이렇게 했었지만, 부모님들이 선뜻 동네 분들을 만나러 가기가 쉬운 일이 아닌지 계속 상처만 받고 왔었죠.

그런데 계속 발언도 하고 안산시민대책위에서 [연결]해 주는 데를 갔더니 다 아시는 분들이에요. 다 아시는 분들이어서 거기에서 갈증을 조금, 갈증이랄까 뭔가가 부족한 시원한 마음이 없었던 거. 거기서 해주는데 한겨울에 촛불집회도 놀이터 같은 데서 해봤구요. 근데 오시는 분들이요, 우리 가족 몇 분하고 시민 단체들 몇 분이지 동네 분들은 전혀 안 왔어요. 거기서 마이크 들고 소리소리 질러보기도 하고,

한겨울에 다 다녔던 거 같아요. 근데 길가 쪽에서 같이 걷기도 해보고 다 해봤지만, 안산의 [안산에 사시는] 분들의 결과는 "우리도 아프다", "우리도 먹고살기 힘들다" 그런 얘기가 많이 돌았어요. 15년도는 그런 식으로 보냈던 거 같아요.

5
천만 서명운동과 4·16특별법 제정과 관련된 활동들

면담자　　　다시 2014년도로 우리가 돌아가면, 6월부터 특별법 제정 천만인 서명운동을 곳곳에서 했습니다. 그때부터 어머님도 같이 참여하셨나요?

호성 엄마　　　네, 네.

면담자　　　그리고 7월 12일부터 국회 농성을 장장 119일간 하셨어요. 그때 거기에도 같이하셨나요?

호성 엄마　　　네, 계속 올라갔었죠.

면담자　　　첫날부터요? (호성 엄마 : 네, 네) 그러면 그 당시에 혹시 호성이 아버지나, 호성이 형이 어머님 활동에 반대하거나, 아니면 의견이 다르거나 하지는 않았었나요?

호성 엄마　　　아이를 보내놓고 저가 말투가 바뀌었다 그랬잖아요. "나는 이렇게 할 거야. 나한테 전부는 우리 아들이었어". 하고 싶은 얘기를 그냥 참지 않고 했던 거에서 애 아빠가 상처를 조금 [받았어요].

"그러면 너가 애 때문에 살았다는 거야?" 그런 상처를 많이 받아서 지금도 애 아빠가 갈등은 해요, 그게 보여요. 말은 나를 "말릴 수가 없구나. 너의 그런 모습은 처음 봤다". 말릴 수가 없으니까 차라리 '이걸 못 하게 하면, 저 사람은 나를 떠나서라도 할 사람'이라고 생각하는지, "해라. 그런데 너무 몸을 혹사시켜 가면서는 하지 말아라. 애를 잃고 너까지 잃을 수는 없다" 그렇게 얘기를 했죠. 〈비공개〉

면담자 국회에서 농성하실 때 많은 사람들을 보셨잖아요. 그때 정치인들을 보면서 기억나는 장면이라든지, 뭔가 다르게 느끼셨던 거라든지, 기억나시는 점을 말씀해 주세요.

호성 엄마 초창기에는 다 델고 갔었죠. 그분들 와서 같이 울어주고 손잡아 주고. "이거 꼭 바뀌어야 된다"라고 어찌할 바를 몰랐어요. 그래서 그때도 감각이 '뭐가 좀 되겠구나'. 그런데 서서히 행동들이 바뀌고 얼굴서부터가 이게 틀려져요[달라져요]. 얼굴서부터가 우리가 막 말로 뭔 거지새끼가 되어가는 것 같은, 구걸하러 온 거처럼 그렇게 되어갔어요, 이게 시간이 점점점 흐를수록. 그래서 이게 '아, 우리가 자식을 죽였나?' 우리가 우리 스스로한테 그렇게 되어가더라고요. 내가 내 자식을 죽이고 지금 여기 와서 저 사람들한테 '나 어디 감옥에 안 들어가게, 좋게 해주세요, 봐주세요' 하는 그런 입장이 점점점 되어갔어요.

초창기에는 국회에 가서 "국회[에서] 법을 만들어야 되고, 특별법이라는 것을 만들어야 되고 [바라는 것은] 그것밖에 없다". [다른 방법으로는] 도저히 안 되기 때문에 그래서 [국회에] 들어갔는데, 어떻게 감히 일반 국민이라는 고객이 국회에 들어갔는데, 그 자리에서 돗자리를 깔아놓고 잠을 자고 이렇게 할 수가 있어요? 그래서 '뭔가는, 그 여러 당들이 힘을 합쳐서 뭔가는 하겠지'라는 생각을 했는데, 이것도 뭐가 딱 들었는지 아세요? '응, 자식 잃은 부모 가여우니까, 지금 건드려 봤자 미쳐서 날뛰니까, 지금은 받아주자' 그런 느낌이었어요. 점점점 갈수록, 점점점 갈수록.

면담자　　실제로 뭘 해줄 생각이 있는 게 아니었군요.

호성 엄마　　없어요. 점점점 갈수록 소리 지르고 하면 그때부터 서서히 시간이 지날수록, 첫 번째는 부모들이 "와" 하면 맞아주다가 그 다음에는 은근슬쩍 모르게 공격을 하기 시작하고. "설마, 설마" 이 부모들은 그래요. "설마…". 엄마, 특히 아빠들이나 부모들 몇몇 분들은 모르지만, 저 같은 경우에는 '무슨 이 난리에 이렇게 이 상탠데 뭐가 안 해주겠어?' 했는데. 거꾸로 돼가지고 오히려 동물원에 원숭이 보듯이 그런 상태가 되었어요. 그래서 오히려 더 애한테 미안했던 거 같애요. 그래서 그런 말도 나왔어요. "강남에 있는 부모라면 이렇게 했을까?", "우리를 골랐나? 우리를 골랐나?", "우리가 언젠가 이렇게 지쳐지기를 원하고 이렇게 될 수밖에 없는 이 부모가, 이렇게밖에 안 되니 우리를 골랐나?" 내 자식들이 더 불쌍하고, 내가 내 자식한테 더 미안한, 그니까 오히려 거꾸로 이 죄책감이 거꾸로 돌아왔어요. 이걸 어떻게 해보자는 게 아니라 '내가 내 자식을 죽였나? 내가 이것밖에 안 돼서 애한테 미안하구나'. 그걸로 계속…. 그렇게 됐죠.

면담자　　8월 15일에 프란치스코 교황이 방문한 즈음에 '특별법 제정 촉구 범국민대회'를 했죠. 이것과 관련해서 한국 사회의 종교 기관들이 보여주는 모습, 혹은 프란치스코 교황 방문 시기에 혹시 느끼셨던 거, 불자로서 느끼셨던 것들이 있으셨나요?

호성 엄마　　그니까 지금 돌아보면 새로운 거에, 높은 분들이 올 때마다 기대를 엄청 한 거 같애요. 우리 가족들뿐만 아니라 "세계적으로 대통령보다 더 높으신 분이야. 그분이 오고 그분 한마디면 뭐가 될 거야" 그러면 "그래?" 거기에 희망을 걸어보는 거예요. 그러니까 무슨 일이 있을 때마다, 뭔가가 있으면 거기에 희망을 걸어서 "그래, 될 거야". 그때는 모여서 옹기종기, 그 얘기가 낙이었어요. "뭔가가 해결해 주실 거야". 근데 저 법당에서 얘기를 하는 거지만, 그래도 천주교에서 많이 지금도 활동을 하고 계시고요. 그때도 뭔가가 되겠다는 희망을 가지고, 일찍 가가지고 그 뙤약볕에서 여기다 이렇게 칸[폴리스 라인] 다 쳐놨잖아요. 거기에서 목소리 한번, 말도 못 하는 걸 목소리 한번 이거 팻말 들고 소리소리 질렀던 거 같애요. '뭔가가 되겠지, 되겠지'. 가고 나면 허전하더라고요.

면담자　　그 '뭔가'는 진상 규명을 말씀하시는 건가요?

호성 엄마　　네, 네. 진상 규명이고(한숨). 그거 솔직히 말해서 나는 그런 거 같아요. 사람대접을 못 받았다는 거에 대해서. 나도 대한민국 사람이고 사람인데 사람대접을 못 받은 게 되게 치가 떨렸어요. 그리고 '내 자식이 왜 그렇게 취급받아야 되지? 내 아까운 새끼가 왜 그렇게 취급받아야 되지? 이 사람들은 정말로 진심 어린 사과를 해야 된다', 정말로 진심 어린 사과를 해야지 뭐가 풀릴 것 같았어요. 네, '내가 길바닥에서 자고 내가 돌아다니고 이건 상관이 없다. 근데 왜 내 자식이 그런 취급을 받아야 되냐?'라는 거에서 지금도 분노를 느끼고, 그 당시에도 이건 납득이 안 돼. '니가 감히 내 자식을?' 그런 거 있잖아요. '그래도 종교적으로 그것도 세계적으로도 제일 높으신 분이고, 이분이라면 말씀을 들어주시겠지, 뭐가 반영이 되겠지'라고 했는데 '전혀 반영이 되지 않았다'라는 거예요. 네, 거기에서 기대를, 희망을 가지고 있다가 가고 나면 무력감에 확 다운되고. 네, 그런 것을 계속 가족들은 반복적으로 그걸 당했던 거 같애요.

6

활동하면서 만난 시민들, 그리고 공권력

면담자   2015년으로 갈게요. 1월 26일부터 2월 14일까지 안산에서 팽목항까지 19박 20일 '도보 행진'이 있었구요. 그다음에 전국을 돌아다니며 『금요일엔 돌아오렴』 북 콘서트가 있었습니다. 아까 제가 하나 잊어버리고 못 여쭤봤는데 그 간담회를 계속 잡아주는 대로 다니셨잖아요. 간담회에서 만났던 시민분이라든지, 개최하셨던 분들이라든지…. 사실 안산에서 가족들하고 이웃 사람만 보다가 그렇게 멀리 있는 분들, 처음 보는 분들 만나 뵌 거잖아요. 그런 경험 속에서 혹시 특별히 기억나는 장면이나 일들이 있었나요?

호성 엄마   일단은 청운동에 있으면서 '간담회를 알려야겠다'는 생각에 그렇게 울고 다니면서, '대한민국에 이렇게 활동가들이 많았었나'. 그때는 활동가들, 못 느꼈어요. 그냥 시민들이 많이 와서 안쓰러워 해주고 "함께하겠다"라고, "이건 꼭 밝혀야 되겠다"라고 뭔가 될 거라는, 초창기에는 처음 다녔을 때는 그렇고. 그 후로는 계속 다니면서 제일 힘을 받았던 것은 지방을 돌면서요, 북 콘서트를 했었잖아요. 아이들이에요, 아이들. 저희는[그 아이들은] 세월호 세대잖아요. 오히려 "내가 어른이 될 때까지 싸워주세요. 저가 무엇을 해야 되나요?" 하고 물을 때요. 그 아이들이 "내가 지금 뭐 해야 되나요?" [하는] 질문을, 마지막 질문을 받았을 때 [제일 힘을 얻었어요]. 간담회가 끝나고 객석에 질문을 받았을 때 손을 들더니 "저도 4월 16일 날 다른 배를 타고 그쪽에, 지방에 순천인가 어디 한 번 갔었던 거 같애요. 그쪽에서 제주도를 갔었는데…".

면담자   어머님이요?

호성 엄마   아니, 아니요. 중학생이라는 그 여학생이었어요. "갔었는데, 똑같은 시기에 갔었는데 이런 일이 있고 나니까 마음이 너무 아프다"고. "내가 무슨 일을 했으면 좋겠어요? 어떤 활동을 했으면 좋겠어요?" 그러고 저한테 물었어요. 그랬을 때 [제가] 이렇게 빽 맞은 거 같드라고요. "너가 왜, 무슨 일을 할라고? 그것은 우리가 해야 되는 거야, 우리 어른들이 해야 되는 거야. 너는 너 꿈을, 내가 무엇을 앞으로 무엇을 하고 싶은가 그것을 생각해야지, 니가 여기 와서 뭘 하겠다 그러니 참 창피하다. 나로서, 어른으로서 진짜 창피하고 고맙다"고. 그런 말을 했더니, 나와서 보니까 그런 사정이 있었더라고요. 엄마하고 대화를 하다 보니까….

그렇게 나는, 그리고 점점점 다니면서 '대한민국에도 활동가들이 참 많구나'라는 걸, 서서히 [활동]하면서 [알게 되었어요]. 간담회를 다녔을 때하고, 북 콘서트를 다녔을 때하고 틀렸어요[달랐어요]. 북 콘서트를 다녔을 때는 학생들이 왔었고, 일반 엄마, 아빠들이 왔었고, '작은 도서관협회'에서도 왔었고. 그러면서 같이 노래를 불러주고 편지를 읽어주고 이러한 상황을 얘기를 했을 때, 그때도 애들한테 많이 말을 했죠. "끝까지 하겠다. 이 대한민국을 안 바꾸면 더 나쁜 짓 안 하게 떠들고라도 다니겠다"라는 그런 [말을 했었죠]. 그것이 끝까지 밝혀질지 안 밝혀질지 모르지만, 그때는 그런 심정으로 너무 고마워서 그런 얘기를 했었던 거 같은데…. 지금에 와서 생각해 보면 '아, 그런 분들이 있기에 내가…'. '내 자식이 없으면은 진짜 나도 따라가겠다' [했는데…]. 막말로 우리 호성이가 "엄마, 나를 어떻게 생각해?" 할 때 "너는 나의 공기야"라고 얘기했는데, 그 정도로 애가 없으면 못 살 것 같았는데…. '내가 이렇게 밖으로 돌아다니고 하염없이 돌아다녔기 때문에 그런 분들을 만나고, 손잡아 주고 같이 울었고. 나의 마음속에 있는 얘기를 다 했기 때문에 내가 그나마 이렇게 견디고 있지 않나. 참 고마운 분들이다'라는 것을 나는 내 마음속에 '항상 고마운 분들, 잘됐으면 좋겠다, 뭐 하고 있을까' 그런 생각을 가끔가다 해봐요.

면담자　　　얼마 뒤에 배·보상 공표가 났었죠? 어머님도 혹시 문자로 받으시거나 그런 것이 있으셨나요?

호성 엄마　　　네, 호성 아빠가 "받았다" 그러더라고요.

면담자　　　그때 삭발식을 결심하시게 됐는데, 어떻게 삭발식에 참여하기로 결심을 하셨는지요? 사실 머리를 그렇게 깎는 게 부담스럽기도 하잖아요.

호성 엄마   음, 그런 생각은 안 했구요, 뭐라도 하면 될 줄 알고 '할 수 있는 건 다 해보자. 뭐라도 이거라도 하면 뭐가 좀 될까'. 이게 정답이 없으니까. 부모로서 뭔가라도 하고 싶은 심정, 지금도 마찬가지지만 '뭐라도 해야 되겠다. 삭발을 원한다면 삭발을 해서 해결이 된다면 천 번이라도 깎겠다, 이 머리야 다시 자라고'. 그런 마음으로 그냥 했던 거 같아요, 뭐라도. '내가 지금 뭐 할 수 있을까?' 머리가 똑똑해서 공무원이나 그런 데 가서, 국회의원이나 앞에 가서 그것[항의]도 못 하는 거고, 무슨 말인지 알아먹지도 못하는 거고. 부모 입장에서 뭐라도 해야 될 것 같은데, 그거 하면 내가 굳이 '그것도 못 하랴', 뭔가는 하고 다녔던 것 같아요. 뭔가는 해야만이 뭐가 되지, 가만있으면 미칠 것 같으니까 '이거라도 하면…'. 삭발, 지금이라도 당장 [할 수 있어요], 그것은 아무렇지도 않아요.

면담자   배·보상에 대한 이야기를 여쭐게요. 가족분들 중에 여러 가지 사정들이 있으시고, 그리고 배·보상에 대한 국가의 공표로 인해 굉장히 오해를 하시는 분들도 많고, 여러 가지 루머라든지 악의적인 발언을 많이 들었잖아요. 어머님은 배·보상에 대해서 어떤 선택을 하셨는지, 그리고 어머님과 다른 선택을 한 분들에 대해서는 어떤 입장이신지 말씀해 주세요.

호성 엄마   그때는 당연히 '소송을 해야 되겠다', 당연히. 그냥 내 마음속에는 오로지 '내 자식이 어떤 자식인데 너네들이 내 자식을 그렇게 취급해?' 그거였어요. 돈 얘기부터 했을 때 '순서가 왜 뒤바뀌었어? 순서가 뭐가 이렇게 뒤바뀐 거야?' 자식이 왜 그렇게 갈 수밖에 없었는지 그 이유를 알고 싶어 가지고 이게 마음이 답답해서 돌덩어리

같고 불덩어리가 가슴에 있는데, '이 사람들은 뭐지? 왜 이것부터 이렇게', 거기에 뭐랄까요? 자존심이라 할까요? 사람에 대한 '이건 도리가 아니지'라는 생각이 들었어요.

면담자   모욕을 받는 듯한 느낌이군요.

호성 엄마   네, 네, 네, 네. 그래서 당연히, 그냥 애 아빠하고도 의논을 안 했던 거 같아요. '그건[소송은] 당연히 해야 된다'라고 생각을 하고. "안 되면 집 팔아가지고 소송비 쓰면 되지" 이런 말까지 했었으니까, 그냥 당연히 했었고.

초창기에는 그 부모들을 봤을 때, 같이 움직이고 같이 목소리를 내주시는 분들이 있었어요. 저는 뒤에서 있을 때, 아무 소리 안 하고 뒤에 있을 때, 내가 용기가 없어서 잘 알지도 못하는 상태에서 쫓아다녔을 때, 앞장서서 싸우시는 분들이 소송을 안 하고 그것을 받았을 때 '뭐지?'라는 충격을 받았어요. 한편으론 이거죠, '저분들은 너무 높은 사람 만나가지고 회의하고 뭐 하더니 뭐 알아? 딱 소송을 하고 나서 뭐 알아? 그러면 내가 세상 물정을 너무 모르는가?' 그런 게 약간 생각이 들었어요.

한편으론 이런 불안감이 있죠. 우리 아이가 구조가 되지 않았을 때, 아니 수습이 되지 않았을 때 '내가 바다만 보고 살 수 있을까, 지금 미수습자 가족처럼' 그랬는데…. 지금도 보상 문제도, 나는 아무것도 모르고 이라고 있는데 너무 억울해서, 인간을[인간으로] 취급하지 않고 이렇게 하찮게 생각하는 거에 너무 분노해서 소송을 했는데 '내가 이세상을 너무 모르나?' 그렇게 앞장서서 싸우던 분들이 다 소송 안 하고 다 보상을 받았을 때 그런 생각이 약간 들었어요. 들었을 때는 애 아빠하고 다시 얘기했죠. "국민 성금, 그거 받고 그걸로만 만족하자. 내 자식의 목숨값은 이게 아니지 않느냐. 요즘 안산에 물가 엄청 오르는데 내 자식의 목숨값으로 집 한 채도 못 사는 이런 상황이다. 그러면 우리 이거 하지 말고, 이 돈[국민 성금]만 아이 목숨값으로 국민이 줬다고 생각하자". 그래서 애 아빠도 고개 끄떡거리더라고요. 그리고 "우리가 우리 아이 있을 때도 좋은 거 하고 살았던 부모 아니다. 일단은 뭐든지 해가지고 내 자식 교육시키고, 내 자식 옷 사 입히고 밥 멕이고, 우리 그런 부모였기 때문에 하다가 돈 없으면 작은 알바라도 하자" 그런 식으로 해가지고 그렇게 시작을 했던 거 같애요. 〈비공개〉

면담자   피치 못할 사정으로 배·보상을 받은 가정도 많이 있었잖아요. (호성 엄마 : 그럼요, 네, 네) 그럼에도 불구하고 '우리 가정에서는 안 받아야 돼'라고 하는 생각한 건 어떤 마음에서였나요?

호성 엄마   어떠한 마음이냐 하면, 일단은 사람 취급 못 받는 거에 대해서 그렇고. 첫 번째가 우리 아이를 항상, 무슨 간담회를 간다든가 밖에 활동을 하러 갔을 때, 아이 사진을 보고 그 얘기를 꼭 하고 나와요. "엄마가 이렇게 돌아다니다가 아는 사람이 많다고, 엄마를 아는 체 해준다고, 거기에 붕 뜨는 엄마는 되지 말자. 엄마가 너만 보고 생각할게, 응, 너만 보고. 너는 이때 어떤 생각을 했겠니? 어떤 결정을 내렸겠니? 응? 엄마한테 텔레파시 같은 거 보내줄래?" 그리고 간담회 가면 그 얘기를 자꾸 꺼내야 되고, 이렇게 했을 때는 진짜 마음 아프고, 어쩔 때는 막 하기 싫어요. 근데 일정을 잡아놓으면 "사람 없다" 그러면 가게 되는데…. "엄마한테 용기를 좀 줘. 원래 엄마 이런 거 싫어했잖아". 아들한테 자꾸 묻는 거예요. 자꾸 묻는데, 첫 번째는 호성

아빠는 어떻게 생각할지 모르지만 나는 내 자식의[에 대한] 의리라고 생각해요, 이것은. 〈비공개〉

면담자   삭발식을 끝내고 영정 사진을 들고 광화문까지 도보 행진을 하셨죠?

호성 엄마   저는 지금도 다리가 쉬어야 되는데 쉬질 않고 돌아다녀서 조금만 [걸어 다니면] 쥐가 나고 밤마다 아파요. 앉았다 일어나면 힘들고 그러는데…. 애 아빠가 [갔어요], 나는 굳이…. 그때하고 생각이 바뀐 거예요. 초창기에는 KBS 갈 때는 '내 아이는 건들지 마. 만지지 마, 만지지 마. 거기 있어. 엄마들만 가서 싸우면 돼' 그랬는데, 난 "다리가 아픈데 저거 해도 되겠니?" 애 아빠가 물어봤을 때 그냥 고개 끄덕이고 모른 척했던 거 같애요. 그래서 애 아빠가 아이 데리고 갔다 왔어요.

면담자   4월 6일에 세종시 해수부 항의 방문이 있었네요. (호성 엄마 : 네, 네) 그때도 호성 아버지가 가셨나요?

호성 엄마   아니 저랑 같이.

면담자   같이 가셨어요? 해수부라든지 이런 소위 말하는 국가의 관료들, 공무원들을 보면서는 어떤 느낌이셨어요? 정말 많이 만나셨잖아요?

호성 엄마   네, 많이 만나고 다녔죠. 국회 가서 의장님도 만나고 많이 만났는데…. 감각이 없어요.

면담자   그분들에 대한?

호성 엄마   응. 감각이 없고, 비웃게 됐어요. 아이를 보내기 전에는 "와아, 저분들은 얼마나 공부를 하고 저래야만 될까. 야, 호성아, 저분 참 좋은 거 같다. 열심히 해서 저분처럼 됐으면 좋겠다" 그랬는데…. 호성 아빠는 어쩌고저쩌고해도 나는 "어우, 되게 좋아 보인다, 멋있어" 그랬는데…. 그분들을 만날 때마다 감각도 없고, 마음속에 존경스러움이 없어졌어요.

'응, 저분도 사람이구나' 말을 할 때마다 나도 모르게 비웃게 되는지는 몰라도, '자리 차지할라고 열심히 노력하고 있구나. 저분도 사람이라 그 자리에서 열심히 자기의 일에', 그 말투라든가 더 넘지를 않아요. 이 아픔은 공감하는데 대충 들어주고, 자기의, 마지막에 가서는 자기의 입장을 꼭 얘기하죠. '저 사람이 과연 나랏일을 하고 저 자리에 만족하는 사람인가? 저 자리에 앉아야 될 사람인가?'를 생각을 했을 때, '저 사람은 아니야. 그런데 저 사람은 그냥 직업적으로 자기 밥그릇, 자기 식구들만 생각하지 대한민국의 국민들을 생각하고 일하는 사람은 아니다'라는 것을 느꼈어요. 그때부터 존경심이 없어요. 그냥 우리 일을 하기 위해서 빨리빨리, 우리 진행하기 위해서 형식적으로, 동네 그냥 시청 직원 만나듯이 동네 분들 통장 만나듯이 만나고 있지, 이게 이게 아니에요.

해수부를 갔을 때, '야 이렇게 해서 맞아 죽을 수도 있구나' 생각했어요. 그때도 목발을 짚고 쩔뚝쩔뚝거리고 갔어요, 부모들은 "간다" 하니까. '한 사람이라도 가야지' 하고 쩔뚝쩔뚝 갔는데 이곳은, 다니는 시민들은 없죠. 우리 부모들만 있는데, 부모들이 문을 안 열어주니까 담 넘어가고 했는데…. 그때부터 [몸싸움을] 시작을 하는데, 이건 막무

104

호성 엄마 정부자

가내고…. 경찰들은 부모가 있으면 그냥 밀어가지고 이 머리를 다치질 않나. 이게 저 같은 경우는 "호성이 엄마, 가까이 가지 마" 그러니까 그걸 보니까 화가 나잖아요. 그러니까 목발로 "야!" 하면 이거 인정사정 봐주지 않아요, 그냥 이것을 여기를 비틀어버리고. 그리고 앞에 "어, 이거 성추행이에요" 그러면 옆에 여경들 딱 이렇게 하고. 그때 상황에서는 똥까지도 집어 던져버리더라고요. 도로에 앉아가지고 냄새가 나서 보면 여가 똥 덩어리가 돌아다니고 이래 가지고 '여기에서 사람이 죽을 수도 있구나, 이 사람들이 급속도로 변하고 있구나' [하고 느꼈어요].

그래서 가족들한테 그랬죠. "간담회 할 때는 뭉쳐 다니고 [혼자] 다니지 말아라. 그 사람들이 그동안은 자식 잃은 부모로서 봐준 거다". 지금은 거꾸로 돼가지고 그때 경찰들의 행동은[을 보면] '여기서 사람이 누가, 부모들이 죽을 수도 있고, 바보가 될 수도 있구나'라는 생각이 있었어요. 거기서 몸싸움을 엄청 했죠. 그 전까지만 해도 몸싸움을 해도 경찰들은 맞고 있었어요. 밀으면 그냥 가만히 방패로 (막는 시늉을 하며) 이렇게 하고만 있었어요. 근데 거기 가서는 바뀐 게, 같이 밀더라고요. 같이 밀고 그냥 부모들 나가떨어지고 그런 상황이 된 거죠. 네, 그때부터 싸움이, 거친 싸움이 시작된 거 같애요.

면담자　　　맞아요. 어머님 생각에는 왜 그렇게 했다고 생각하세요? 1주기를 앞두고 정상적인 사람들이라면 오히려 자중하고 같이 슬퍼하고 그랬을 텐데, 어떻게 더 포악스럽게 했을까요?

호성 엄마　　　응, 포악스럽게 했죠. 그분들은 기다렸던 거 같애요. 자식을 그렇게, 그 TV 화면 속에서 자식이 죽어가는 걸 지켜봐야 했고,

105
•
2회차

그때 "전원 구조"라고 했을 때 저 같은 경우는 박수를 쳤다 했잖아요. 그걸 생각하면 그때는 분노가 있었잖아요, 부모들이. 무언가는, 모든 걸 다 할 수 있는 그 분노가 있었어요. 근데 그 분노가 가라앉을 때까지 이 국가기관들은 기다렸던 거예요. 해봤자 TV 쪽에, 언론 쪽들도 자식을 잃고 얼마 안 된 그 부모들하고 자꾸 부딪쳐 봤자, 그분들은 언론으로서 우리 국민들을 먹고 그런 걸로 먹고사는 사람들이기 때문에 '건드려 봤자 좋은 게 없다'라고 생각한 거예요.

근데 거기[세종시 해수부 건물 앞]에서는 아무도 보이지 않고 우리와 그들만 있었고…. '너네들 앞으로 까불면', '돈이나 준 거 빨리빨리 합의'[하라고], 진짜 교통사고를 비교를 하고 그랬잖아요. '이거 못 받을 수 있어, 당신네들. 만약에 기분 나빠서, 재수 없어서 그렇게 죽었으면 돈도 못 받는데 우리가 보상해 주고, 해준다는데 왜 이러니? 더 이상은 너네들을 봐줄 수가 없어'라고 공격을 한 것 같은 느낌이 들었어요. 그리고 그다음부터는 점점 더 세게 나왔죠. 은연중에 진짜 옆구리 치질 않나, 옆구리 이런 데 꼬집지를 않나, 그러면서부터…. 우리가 초창기에 이 부모들은 건들면 그런 거예요. 건들지 말고 점점 더 시간이, 그래서 부모들끼리도 얘기해요. "1주기, 2주기, 3주기 점점 틀려질[달라질] 것이다". 응, 그런 것[느낌]을 많이 받았던 거 같애요.

7

1주기 광화문 연좌 농성과 연대 단체에 관한 생각

면담자   1주기 때, 2015년 4월 16일에 시행령 폐기를 요구하면서 광화문 연좌 농성을 했었는데, 특별히 기억나는 거 있으세요?

호성 엄마   폐기를 [요구]하면서, 그때는 저가 왔다 갔다 하면서 [참가했어요]. 그때도 간담회 다니고 바깥쪽으로, 안산에서 있으면서 계속 밖으로 돌았으니깐요.

면담자   18일 날 시행령 폐기 집회를 하면서 과격하게 부딪치고 100여 명이 연행됐는데, 저도 거기 같이 있었던 기억이 납니다. 그리고 5월 1일에 시행령 폐기를 위한 1박 2일 철야 농성할 때 안국역에서 캡사이신, 물대포를 (호성 엄마 : 네) 맞으며 밤샘 집회를 하고 청와대 행진 중에 경찰과 충돌을 하게 되죠?

호성 엄마   그러니까 조금 전에 말씀했던 거하고[참사 직후와] 여기하고는 경찰도 많이 바뀌었고…. 캡사이신을 아예 그냥 뿌리더라고요. 그래서 첫 번째 가는 날은 부모들이 비옷을 준비를 안 해가지고 갔어요. '설마 너네들이 부모한테 그것까지 뿌리랴' 했는데 진짜로 뿌리더라고요. 그래 둘째 집회는, 1박 2일 집회 갔을 때는 비옷을 다 준비해 가지고 갔어요. 부모들은 표시 나게 노란 옷을 준비해 가지고 갔었는데, 일반 시민 단체 분인가 일반인들이 밖에 앞장을 서서 싸우게 됐죠. 초창기도 우리가 계속 물대포 맞고 그럴 때도 일반 시민들이 앞장을 많이 섰어요.

근데 둘째 날은, 우리가 1박 2일 갔을 때는 우리가 저분들만 계속 이렇게 물 같은 거 맞고 그러니까 "우리 가족들이 앞에 가서 서야 되겠다. 더 이상 물러나지 말아야 되겠다"라고 갔을 때, 맞을 때 진짜 더 세게 하더라고요, 이게 너무 냄새가 나가지고 숨을 못 쉴 정도로. 사람들, 부모들이 토하고 그 정도였어요. 그런데 갈 때마다 느낀 것은 어느 정도에, 중간쯤 되면 가족들하고 그분들하고 분리를 시키더라고요. 처음에는 막 공격하고 부모들을 [공격]하다가, 마지막에 가면 가족들[과 시민들 사이에] 경찰을 쫙 깔아가지고, 그분들은 그분대로 가족들은 가족대로 분리를 시켜서…. 합의를 보는 건지 몰라도, '그만하고 갔으면' 하는 그런 거에, 그때마다 제정신이 아니었어요. 소리소리 지른 것은 "너네들이 왜 부모들한테 이렇게 물대포를 쏘고 그러느냐". 그때까지만 해도 한 말이 기억이 안 나는데, 오히려 그때는 "나를 죽여라" 우리는 "차라리 죽여달라"고 했던 거 같애요, 저는. "차라리 나를 죽여줘. 나도 죽고 싶어" 응, "오히려 죽여라!"라고 소리를 지르고 그냥 달려들었던 거 같애요. 근데 항상, 그런 식으로 그러니까, 뭐라 그럴까요, 쏠 건 다 하고, 행동은 다 해놓고 마지막에 분리를 시키는 거, 그래놓고 그냥 다 흩어져서 가고 그런 상황이었던 거. 〈비공개〉

면담자   최근까지도 그렇지만 집회, 민중총궐기나 이런 운동단체들이 같이 연대 투쟁을 하잖아요. 제가 가족분들하고 이야기하면 그것이 굉장히 고마운 마음이 있지만, 동시에 '우리가 저런 모습으로 비치는 게 아닌가' 이런 양가적인 (호성 엄마 : 네, 네) 그런 감정이 있으신 분들이 있어요. 어머님은 어떻게 생각하시는지요? 간담회나 북 콘서트에서 만나는 시민분들하고 다른가요?

호성 엄마   네. 그니까 시민 단체 활동을 하시는 분들과 선생님, 교수님들과 일반 엄마, 아빠들하고 학생들하고 많이 틀리죠[다르죠]. 첫 번째는 간담회를 가면 그런 분들의, 인자[이제] 4·16연대[4월16일의약속국민연대]에서 자리를 만들어주시는 데만 가니까, 그런 분들이 그냥 시민인 줄 알았지, 연대 그런 것도 이런 단체가 있는지는 모르고요. 거기 가면 장소에 부모들 다 자리 깔아놓고 부모들이 가서 얘기를 하는 자리였고, 그때는.

면담자　　4·16연대 이런 단체는 모르셨어요?

호성 엄마　　몰랐어요. 그냥 이렇게, 네, 네.

면담자　　누가 알려줬던 건가요?

호성 엄마　　다니면서 그걸 깨우치는 거죠.

면담자　　"호성 어머니가 가주세요" 이런 거는 가족협의회로부터 요청받은 거죠?

호성 엄마　　네, 네. 가협[4·16세월호참사가족협의회]에서 "갔으면 좋겠어" 여기 가면, 그라면 갔으면[가면] 사람들이, '그쪽에 계시는 분들이, 우리를 그냥 아파해 주고 함께하시는 분들이 자리를 해주고 초청을 했구나'라고 생각을 했지, 가협에서 지금도 체계적으로 이렇게 돌아가는 것은 전혀 모르다가 그다음에 서서히 하면서….

그다음에 북 콘서트를 하고. 이게 층이 틀리잖아요[다르잖아요], 층이 틀리면서, 그리고 다리가 다침에도 불구하고 자꾸 이렇게 여기저기를 [다니게 됐어요]. 그게 아이한테 미안한 마음도 있고, 책을 내줘서 고마운 마음도 있고. 돌아다니다 보니까 '활동가들하고 이게 직업상에 있구나. 이렇게 많은 단체가 있구나'. 나는 그냥 '복지사, 우리 아이 심성이 착하니까 그런 쪽으로 했으면 좋겠다' 그런 쪽이지. '이런 일을 하는 사람들이 이렇게 많구나' 그러면서 '내가 잘못하면 여기에 휩쓸

릴 수도 있겠구나'. 그리고 어떤 분이 "뭐 뭐 당을 만들어야 돼"[라고 말하고], 왜 내 같은 사람한테 당을 만들[어야 한다고 하는지…]. 이런 이상한 말들이 도니까 '이거 세계가 희한한 세상이구나'. 예, 그러면서 진짜 뭘 모르는 아줌마였다니깐요. 애만, 그냥 내 새끼만 보고 일 갔다가 집에 가서 맛난 거 해가지고 주고 그런 엄마였지, 이 사회가 어떻게 돌아가고 그런 사람인 줄[사람이 있는 줄] 몰랐어요. 애 아빠가 엄청 답답해했지만, '내 가족만 잘 꾸리면 된다'라는 식이었지. '참 희한하구나' 했는데 다니면서 그것을 서서히, 누가 말해준 것이 아니라 서서히 깨우친 거예요.

면담자　　　지금은 누구보다 잘 아시겠죠.

호성 엄마　　　얘기를 듣다 보면 그분들 중에서도 진짜 진심으로 성실하게 자기의 주관이 뚜렷하고[게] 얘기하시는 분도 있고. 그렇지 않으면 어떤 분들은 대놓고, 초창기에는 그게 되게 서운했어요. "함께 앞장서서 싸워주세요, 먼저 싸웠으니까" 그러면 "이건 가족 일이다"라고 말을 하신 분도 냉정하게 있어요. "이건 가족들이, 부모들이 싸워야지, 우리가 가지 [않는다]" 그런 말을 했을 때 지금은 이해해요, 우리 일이라는 걸. 그분들은 진짜 만약에 새로운 참사가 일어나면 거기 가실 거예요. 원래 직업이 그러신 분들이고, 이 사회활동 하시는 분들인데 우리가 멋모르고 너무 그쪽에, 내 자신부터가 "해달라"고, "왜 함께 안 해주냐" 서운해하고. "왜 다른 데 가니까 거가 있더라", 그런데 그 직업이 그런 걸. "우리 일이니까 우리가 앞장서야지 그분들이 와서 도와주고 이렇게 하는 거 아니냐". 많이 바뀌었죠. 처음에는 "저분들 뭐야, 우리한테 와서 뭘 할려고 그래?" 이렇게 그것을 몰랐을 때는 그랬지만 지금은 많이 바뀌었어요.

면담자   여러 유가족분들, 또 시민운동 단체들도 가협의 투쟁에 대해 생각이 다양하잖아요. 어머님은 지금까지 가협이 투쟁을 진행한 방향에 대해 어떠한 생각을 하시나요?

호성 엄마   지금은 대협[대외협력분과]하고 저하고는 생각이 많이 틀리[다르]죠. 대협에 그쪽 분들은 "밖에 활동을 하고 있으니까 연대를 해야지. 우리가 힘이 없으니 가족이 인원수가 점점 주니까 그 많은 분들하고 상처 입은 분들하고 그런 분들하고도 우리가 많이 연대를 해야 된다"라고 말을 하죠, 하는데…. 저는 계속 가족한테 이렇게 주장을 해요. "이것은 연대는 당연히 해야 된다. 그런데 가족이, 우리 집안이 튼튼해야 된다. 우리 집안이 이 4·16가족협의회가 튼튼하고, 여기에서 가족이 가족을 믿고, 여기가 똘똘 뭉쳐야 연대도 가능한 거지, 가족이 다 떠나버린 상태에서 무슨 연대냐?" 그래서 얘기를 자꾸 하는데 거기에 어긋남이 좀 있어요.

대협에서는 밖에 나가면 진짜 고마운 분들[과 함께] 투쟁하고, 그럼 그분들 대협은, 활동하시는 분들은 진짜 힘받고 있어요. 끝까지 싸워야 되고 뭐가 밝혀지고, 내 초창기의 마음인 거야. 뭔가가 밝혀질 것 같고 저거 나쁜 짓 했으니까 금방 될 거 같고 희망을 가지고 막 움직이시는 분들이에요. 〈비공개〉 [그렇지만] 이 아픈 부모들 가지고 우리가 국가에, '국가라는 것에서 내 자식을 뺏겨버렸다'라고 생각이 들고, 그것을 해결해 줘야 되는 [것이] 국가[잖아요].

국회에 있는 일하시는 분들이 해결해 줘야 되는데 다 자기 밥그릇만 챙기고 있고, 무조건 국민들한테 미루는 거예요. 국민들이 이것을,

언론만, 언론만 잘 거슥하고[살펴보고] 있으래요, 우리보고. "그라믄 언젠가 해결이 된다"는 거에요. 국회의장까지 그런 말을 하더라고요. 내가 물어봤어요, "의장님, 인양할 마음이 있습니까? 인양에 대해서 어떻게 생각합니까?" 그것은 당연히 해야 된대요. 그런데 국민들을, 유가족이 국민들을 다 이렇게 언론을 다 이렇게[포섭] 하고 있어야 된다고, 그렇게 말을 하더라구요. 그래서 이게 도대체가……. 〈비공개〉

8
동거차도 인양 감시단 활동, 그리고 사람들의 태도

면담자   그래서 4월 29일에 세월호 인양 공식 발표를 하고, 인양이 시작되기 전까지 오래 걸렸잖아요. (호성 엄마: 네, 네, 계속 똑같은) 그러다가 9월부터 인양 작업이 시작됨과 동시에 가족분들이 동거차도 감시단 활동을 시작하셨어요. 어머님도 동거차도 갔다 오셨죠?

호성 엄마   네, 네. 애 아빠가 주기적으로, 동거차도는. 우리 6반에서는 아버님들이 활동하는 사람이 별로 없어요, 그래서.

면담자   지금 몇 명이나 활동하시나요?

호성 엄마   지금 아홉 가족인데 한 분은 직장생활 하고 안 나오시고, 여덟 가족이라고 보면 될 거예요. 그래서 없어서 호성 아빠하고 둘이, 단둘이 들어갔었고. 계속 단둘이 한 세 번 정도 들어간 거 같아요.

면담자   그러면 6반 팀을, 네 명씩 돌아가며 하는 팀은 못 꾸리셨군요.

호성 엄마   팀을 못 꾸리고, 여기서도 활동을 해야 되니까. 처음에
초창기에는 최초로 엄마가 들어가게 된 거예요. 애 아빠가 "둘이 들어
가자" 그래 가지고. 최초로 둘이 들어갔었고 그다음에 휘범 엄마랑 들
어가고 애 아빠랑 누구랑 들어갔었는데요, 부부가 가니까 다른 엄마
하고 보낼 수가 없어서. 그렇게 들어가고 가고 그랬어요. 저는 여기에
일정이 많으니까, 애 아빠는 자꾸 같이 들어가길 원하지만 저도 여기
에 일정이 있어서 자꾸 혼자 보내고 그래서 이번에는 우리 활동가분
하고 같이 둘이 들어가게 됐어요.

면담자   사고 해역이 바로 앞이잖아요. 그걸 보시고 어떠한 생
각이 드셨나요?

호성 엄마   (한숨 쉬며) 처음에는 조금 힘들 것 같아서 "안 간다" 그
랬는데, 애 아빠가 "거기는 한 번 갔다 오는 게 좋겠다. 니가 이 일을
안 할 거면 몰라도 끝까지 할 거면 가서 봤으면 좋겠다" 그래서 용기
를 내서 갔는데요.

면담자   언제 가셨나요?

호성 엄마   그게, 올해는 아니고 작년[2015년] 12월, 약간 싸늘했을
때 갔는데, 호성 아빠도 아마 거기에 올라왔을 거예요. 아마 거기 가
보시면 되는데, 진짜로⋯ 너무 가까운 것도 가까운 거지만 섬마을이
많았잖아요. 그리고 바다, 바다, 근처 근처마다 산들이, 조그만 산들
이 많았었는데, '왜 저기에 아이들을, 그쪽이라도 해서 내리지를 못했
을까? 왜 저쪽에 가가지고 저렇게 했을까?'라는 의문점이 진짜 이거는

들었고. 이게 뭐랄까요, 거기 가서 한참을 욕을 했던 거 같아요, 미친 사람처럼. 이게 이게 도대체 이건…….

자꾸 '아니야, 이건 내가 너무 부정적으로 [생각하는 거야]', 내가. 우리 국민들, 일반 시민들 보기에 세월호 엄마들은 정상이 아닐 거야, 미쳤을 거야. 그래서 내가 안산을 돌아다니면서 그런 티를 안 낼려고 이성을 찾으려고도 했는데, 거기를 딱 가보니까 진짜 이게 이게 다시, "어, 이건 진짜 학살이야. 너네들 뭐 했어?" 계속 이렇게 된 거예요. "왜 저기다, 태평양도 아니고 이 [가까운] 바다에서 애들을 왜 여기저 기에다가 내려놓지를 못했어". 욕을 하고 돌아다녔던 거 같애요. 그 런데 내 성격 자체가 그런가 봐요. 내 성격 자체가 그때는 바람도 많 이 불고 뭐 해서 오히려 또 욕을 하고 나니까 우울증 같은 게 확 오면 서 "내가 잘못했지" 그러고 동네를 서성거리고 돌아다녔어요.

그 위에서 있다가 너무 바람이 불어서 밑에 와가지고 그 할머니 집에서 거의, 첫날 가는 날[부터] 할머니 집에서 거의 3일 밤을 잔 거 같애요. 그래서 동네 쓰레기 버리느라고 돌아다니고, 동네 분들 노인 정이나, 교회인가요? [마을]회관에 돌아다니면서 얘기했을 때, 나도 모 르게 어슬렁거리고 돌아다니면서 [주민이] "어어, 어디서 왔냐?" 그래 서 "네, 단원고 세월호 엄마예요" 그러면 그쪽에서 길게는 말을 못 하 고 조금조금 얘기하면서 나도 모르게 울먹거리면서…. 네, 그때도 어 느 순간에 그 초창기에 가졌던 생각이 거기 가서 확 드는 거예요. 그 쪽 할머니분들이 "아이고, 그렇게 자꾸 생각하면 뭐 해, 잊고 살아야 지" 그랬을 때 "네, 자식을 지켜주지 못한 엄마예요" 또 이렇게 돼버린 거예요. 그걸 봤을 때 그냥 그때는 일주일 동안 너무 우울했던 거 같애요. "네, 이 엄마가 왔어요, 자식을 지켜주지 못한 엄마가"(한숨).

　　그니까 '야… 이게 어떻게 되지? 이 산들이 많은데 거기다 내려놔도 될 텐데, 헌데 저걸 보고 "전원 구조"라 할 때 내가 박수를 치고 기도를 했단 말이야? 이게 뭐야!' 거꾸로 돼가지고 이게 원망이 이쪽에 [국가에] 갔다가 다시 나한테 오는 거예요. '자식이 죽어가는데 내가 박수를 쳤어, 감사의 기도를 했다고? 이거 진짜 또 이상한 세계에 빠져서 사는구나. 이것이 꿈이라면 빨리 그냥 깨어나고 싶다'. 그래서 일주일 동안은 비바람 불고 바람이 너무 불어서 그 골방에서 3일 지내면서, 첫날은 너무 힘들었어요, 첫날은.

면담자　　그때 두 분이 일주일 동안 쭉 계셨었나요?

호성 엄마　　네, 네.

면담자　　바깥에 있는 사람들은 "저 세월호 엄마들 미쳤다, 제정신이 아니다" 이러겠지만 그곳에 가니까 '이건 정말 학살이다' 이런 생각이 드셨다고 하시는데, 어머님은 본인이 혹시 비정상이거나 정말 미쳤거나 그래서 그런 생각을 하고 있다는 생각을 조금이라도 하시나요? 아니면 '이거는 바깥에 있는 사람들이 몰라서 그렇지, 사실 내가 경험한 것처럼 경험하고 이렇게 직접 보면 저 사람들도 내 말을 믿을 거다. 내가 미친 게 아니다'라는 생각에 어느 정도로 확신이 있으신가요?

호성 엄마　　저가 어느 순간에 간담회를 다니면서 첫 번째, 다섯 번째[까지는] 울기만 했다고 그랬잖아요. 애 이름을 꺼낼 수가 없어 울기만 했어요. 그런데 그다음부터는 뭔가를 전달을 해야 되겠다 [싶어서]

115

2회차

이건 너무 억울해서 얘기했어요. 어느 순간에 딱 봤을 때, 간담회 시간이 점점 흘러서 나도 모르게 그 사람들을 살피게 된 거예요. 그 전에는 나의 분노에, 그 사람들 입장이, 표정이 어떤지를 모르고 막 얘기를 했어요. 그랬는데 어느 순간에 그 객석에 있는 분들의 표정을 나도 모르게 보고 있었어요. 그랬을 때는 진지하게 듣는 사람도 있지만은 그렇지 못하는 사람도 있었어요. 그랬을 때는 왜 그 갈증을 느꼈냐면, 이 자리가 어떤 자리인지 [알고] 있잖아요. 그 연대에서 [섭외]해 주는 그 사람들은 많이 우리보다 더 잘 알고, 뭐 했을 때 저 부모의 그 냥… 내가 느끼기에 그 시간만 내준 거야, 내가 느끼기에, ‘시간만 내주고 있다’라는…. ‘저 부모를 위해서 와서 이렇게라도 떠들게 해야지 저 부모들한테 도움이 될 거’라고 해서…, 뭔가를 궁금해하시는 분들도 있지만. 그 와중에 그런 분들을 그 표정에서 읽었어요. 네, 네, 읽어서 어느 순간에…….

그리고 안산을 돌아다니고 간담회를 가고 지금 참사가 일어나서부터 쉬지 않고 계속 움직이고 있잖아요. 그랬을 때 ‘저 사람들은 나를 어떻게 생각할까?’ 우리는 공방에 있을 때 웃어요, 막 웃어. 근데 다른 분들이 와도 요즘에는, 처음에는 “웃지 마” 했는데 지금은 막 웃어. 그런데 다른 분들 입장에서 가만 생각해 보니까 다른 분들이 와서 ‘자식을 잃은 저 부모들이 저렇게 뭐가 즐겁지?’ 그렇게 보일 것 같애. 어떨때는 애기 얘기하고도 애기가 살아 있는 것처럼 “아, 이거 우리 경미 갖다줘야지”, “언니, 호성이 방에 갖다 놔” 그런단 말이야. “응, 언니 호성이 방에 갖다 놔” 그러면 나도 “응, 우리 아들 이런 스타일 좋아했어” 그라면 그러지. 근데 그것이 여기 세계에서는[유가족들 사이에서는 그렇게] 얘기를 해. 그런데 일반인, 그 뭐더라 어떤 강사님이나 일반 시민 단체나 와가지고 우리 하는 얘기라든가 행동[을] 보면은 얼마나 웃기겠어. '이게 뭐지? 나도 가면 그렇게 보이겠다' [싶어요]. 그래서 이게 간담회를 갑자기 안 하게 된 계기도 있을[된] 거 같아요. 〈비공개〉

어느 계기가 있었냐면, 올해 추모 얘기를 하면서 마을로 들어가기 시작했잖아요. 거기에서 뭐더라 통장이 아니라, 주민자치위원이 그런 말을 했어요. "지금에 와서 가족하고 대화를 해야 될 것 같아요. 해도 되겠어요?" 그런 말을 했을 때는 그동안은 우리 부모들하고 대화가 안 됐다는 거죠. 〈비공개〉 그런 말 했을 때 그래서 지금 추모 얘기를 하면서 나는 나가서 정상적으로 "네, 네" [했는데] 거기 가서 밖에서[투쟁 현장에서] 소리 지르고 있던 엄마가 여기서는 (목소리 톤을 낮추며) "우리도 살아야 되지 않겠습니까. 분향소에서만 같이 있을 순 없잖아요. 우리 부모들이 마을로 나가서 주민들을 만나고 싶어 해요, 동네 분들을. 그라믄 중간 역할 좀 해주세요" 그라고 다니거든요.

아예 그냥 내려놓고 다니는 거예요, 속으로는 '웃기고 있네' 그라고 싶지만 [만약에] 그러면 저 부모는 미친 엄마인 거예요, 저 엄마는. 초창기에 내가 2014년 11월 달에 [안산에] 갔을 때 (목소리 톤을 높이며) "니가 인간이냐, 아침저녁으로 애들 교복 입고 돌아다니던 그 아이들이 많이 갔는데 그딴 식으로 얘기하고 그랄[그럴] 수 있니? 니가 사람도 아니다!" 그렇게 하면 내가 미친 사람인데, 지금은 (목소리 톤을 낮추며) "우리도 살아야 되잖아요. 여기서 살았던 내 자식, 고향에서 살아야 되니까 도와주세요" 이렇게 돼버리는 거예요. 그런 걸 봤을 때 은연중에 그게 나와요. 거기에서 소리를 지르고 하면 '저 엄마 아직 대화가, 상대가 안 되구나'. 이 마을서부터 그렇게 취급을 해요.

면담자   어머님 생각에는 같이 참여해 주는 분들도 (호성 엄마 : 그럼요) 불쌍하니까 (호성 엄마 : 네, 네) 그냥 들어주는 거라고 생각하세요?

호성 엄마   그게 많이 깔려 있죠, 지금까지도. 그래서 대화가 진전이 안 돼도 자꾸 고개만 끄덕끄덕하고 엄청 들어줘요. 들어주니까 우리는 편안해요. 그분하고 "이랬잖아요", "뭐 하자" 그러면 그분은 다 고개 끄덕여 주고 공감한다는 표정을 하고 있어요. 근데 결과는, 끝에 가서는 안산에 가면 "안산 시민들을 설득해라" 그 얘기하고, 서울에 가면 "국민들을 설득해라", "언론을 계속 이렇게 시켜라" 그 얘기를 했을 때, 이게 끝말에 가서는 그게 답이더라고요. 그 사람이, 그 사람이 할 수 있는 일[인데], 우리가 해야 되는 일이구나. 결론은 다시 무거운 마음을 가지고 내려오고…. 지금 그런 거예요.

면담자   그러니까 결국 그 사람들은 책임을 다른 데로 돌리고 "안산에 가서 해라", "언론을 어떻게 해라" 하는 거를 느끼신다는 거죠?

호성 엄마   그래서 초창기에는 안산을 알리면서 "자꾸 부모님들이 이렇다" [하는 동안] 거의 의료 지원이 다 끊겼잖아요. 3월에 다 끊겼기 때문에 "우리 부모들이 앞으로는 더 몸이 아플 것이다. 나도 내 가슴에 불덩이를 하나 가지고 있고, 머리가 진짜 안개 속에 뭐가 꽉 차 있는 느낌이다"라고 얘기를 했는데, 그게 받아들여지지 않았을 때는 그런 얘기를 자꾸 하면 이게 마이너스[손해]라는 생각이 들었어요. 그래서 초창기에는 얘기를 하다가 얘기를 안 해버리게 돼요. "우리 부모들

은 괜찮다, 응, 밖에 나가서 살 거슥[여력이] 있다". 부모들한테는 "초
짜 티 내지 말아라" 중간에 자꾸 그렇게 하는데, 그게 느껴져요. "저
사람들은 아직 미쳐가지고", 막말로 이 말인 거예요. 여기도 추모 얘
기를 이 [생명안전공원] 부지를 얘기했을 때 그분들은 그런 거죠. "여기
계획도시고 뭐가 다 설치가 됐는데, 저게 자식 잃고 미쳐가지고 뵈는
게 없어서 저거 달라고 그래?" 그들은 그렇게 [생각하니] 그러니까 이
게 내가 병인 거예요, 그게 느껴져요. 이것이 어떻게 되고 머리를 맞
대고 진지하게 해결을 해야 될 사람들이면, 진짜 해결해야 될 사람이
마음이 있으면 진지하게 이거 토론을 해야 되는데…, 시간이야.

면담자   그냥 시간 때우고 넘어가는 거군요.

호성 엄마   응, 때우고. "지금 몇 분 남았습니다, 6분 남았습니다.
더 의견 있으면 내세요"라는 거예요. 그랬을 때 이것을 해결할 마음이
없어. 그냥 이것이 추모고 국가에서 해줘야 되고, 안산시에서 땅 부지
해줘야 되니까 형식적으로 만나고 있다는 거죠, 형식적으로. 그러면
'이 부모들이 시간이 흐르고 몰리고 나이 먹고 안 되면 저기 어디 골
짜기 같은 데 해주면 그나마 아쉬워서 받겠지'. 그런 거에[생각에] 해결
할려고 노력을 안 해요. 그게 진짜로 안 보인다니까요. 그게 10명이
모이면 거기서 한두 명 있을까, 그 나머지는 끝에 가서는 마을 분들
핑계대고, 이런 식으로 은근슬쩍 넘어가고 그런 상황인 거예요, 지금.
      그러니까 이게 뭐랄까요…. 그냥 자식을 잃지 않은 평범한 분이라
면 대화가 되는데, 선입견이죠. 그분들은 우리를 그것부터 시작을 하
고 있는 거예요. '저분은 세월호 엄마, 자식을 보낸 엄마. 근데 마음이
정상이겠어?'라는 그것을 깔고 대화를 하는 것 같애요. 그래서 진짜로

이것은 어쩔 때는 언쟁을 하면서 목소리 크게 하면서도 해결을 할 건 해야 되는데, 전혀 목소리를 크게 하지 않고(한숨) 계속…….

면담자   더 미친 사람 취급할까 봐서요?

호성 엄마   아니, 아니요. 그쪽에서 우리를 그렇게 대해요. 오늘도 회의를 했는데 "우리끼리 얘기 좀 하고 갈게요" 그런 식이더라고.

면담자   동등한 같은 참여자로 보아주지 않는 거네요.

호성 엄마   그런 거예요.

9
교실 존치 운동과 관련하여

면담자   10월부터 교실 존치를 위한 교육청 피케팅을 했죠. 교실 존치에 대해서는 어떻게 생각하시나요?

호성 엄마   교실 존치가, 우리 [4·16]기억저장소 김종천 사무국장이 언제부터 '기억과 약속의 길' 얘기를 했죠? 한 5월 달, 그때부터 하면서 안산을 알려야 되겠다고 들어와서 안산 알림이 엄마들을 한 열 몇 명 정도를 저기 하고요[모았고요]. 그때 김종천 사무국장님이 혼자서 땀을 뻘뻘 흘리고 '기억과 약속의 길' 참가자들을 모시고 와가지고, 간담회를 하실 분들이 없었어요. 그리고 엄마들이 대협 쪽에 간담회 하실 분들은 바깥쪽으로 엄청 바빴잖아요. 그래서 여기 와서, 여기 계신 분들은 간담회를, 시민분들 앞에서 다시 생각을 떠올리면서 얘기

를 할 그게[형편이] 안 돼서 그때 [제가] 총대를 멘 거 같애요. [정부합동
분향소의] '기억[과 약속]의 방'이랑 불교 부스를 "시민들이 왔을 때 커
피 한잔 먹을 수 있는 장소가 있어야 된다"라는 주장, 그것을 자꾸 얘
기해 가지고 꾸미고 그러면서 '기억[과 약속]의 방'에 모셔서 그런 얘기
를 [나눴다는데], 거의 나는 몰랐는데 4000명, 5000명 가까이 됐다 하
더라고요. 거의 김종천 사무국장님이 모시고 오면, 저는 어떤 부모님
들을 섭외를 하고, 섭외가 없으면 저가 참여를 해서 얘기를 하고 그런
것을 했던 거 같애요. 거의 학교 [4·16기억교실 존치 투쟁이] 끝날 때까
지는 했던 거 같은데….

첫째 저 같은 경우에는 '밖으로 돌다가 그분들한테 이용당하지 말
아야 되겠다'라는 생각이 든 거죠. 마음속에 이런 불신이 좀 있었던
것 같애요. 믿음이 사라져버린 불씨가 있었기 때문에 안산을 알려야
되겠다고 온 거고. 안산에서 그분들이 왔는데, 안산을 알리겠다고 왔
는데, 그분들이 기억 얘기를 하면서 간담회를 오시는 분마다, 주말에
하고 일주일에 중간에도 오시고…. 그분들 간담회를 하면서 나는 추
모 쪽으로 생각을 하고, '내 아이 빨리 한 공간에 놔둬야 되겠다, 내가
죽기 전에 해야 되겠다면 그 일이다'라고 생각을 했었는데, 거기서[그
때]부터 교실 [존치] 얘기가 나오기 시작한 거예요.

교실 얘기가 나오길래 저 같은 경우는 엄청 반대를 했어요. "그건
교육자가 해야지. 초창기에 우리의 이 참사가 일어났을 때 모든 교육
자들이, 이 대한민국의 어른이라는 사람들이 대한민국의 교육이 바뀌
어야 된다고 큰 소리 치지 않았냐. 그러면 교육자가 해야지 왜 이것
을, 교실을 부모들보고 또 하래". 그래 가지고 엄청 싸웠어요, 김종천

사무국장하고. "말 같은 소리를 해라, 그 사람들이 안산 시민이다. 그럼 나중에서 이거 분명히 추모 쪽에도 문제가 있을 거다. 왜 안산 시민들하고 또 싸움을 하게 하냐. 이것은 진짜로 교육의 문제면 교육자가, 이것은 시민들과 교육자가 그 교실을 지켜줘야 되고 교육이 바뀌어야 된다" 그렇게 했었는데, 결국은 이게 안산 시민들하고 우리 가족하고 싸움이 돼버린 거죠. 염려했던 게 그렇게 됐었고.

내가 거기에는 교실은 될 수 있으면 참여를 안 할라고 했어요. 오히려 우리 아이가 나, 저기 어디 갔을 때, 아이를 장례를 치르고 학교를 갔을 때 너무 아픈 곳이고 해서, 아프지만 교육이 문제지만 그것은 '괜히 했다가 추모하고 연결되면 안 된다'라고 생각을 했기 때문에 안할라고 생각을 했었는데….

오시는 분마다[분들에게] 그걸 들은 거예요, 오시는 분마다(한숨). "교실을 갔더니 너무 숨이 막힌다". 어떤 선생님 같은 경우에는(한숨) 거기 아이들이 막 돌아다니는 것 같대요. "아이들이 떠들고 웃고 이렇게 하는 게 이게 그려진다". 어떤 부모는 "내 자식을 거기에서 교육을 시킨다면은 나는 도저히 못 시킬 것 같다". 그래서 그게 마음속에 생각했던 게 떠오르길, 나도 내가 추모 쪽만 생각하다가 '이게 아니구나'라고 이게 바뀐 거예요. 바뀌어서 그때부터 교실 알림이도 된 거예요.

교실 알림이가 되면서 하는 소리가 이랬죠. "우리 250명 학생들을 그렇게 지켜주지도 못하고 보냈으면서, 그 후배들을 그 장소에서 공부를 가르친다는 게 진짜 대한민국 교육을 위한 거냐. 이건 아니지 않느냐. 왜 어른들은 또 욕심을 내서 그 많은 아이들도 지켜주지 못했는데 그나마 미래 세대의 아이들마저 거기서 교육을 시켜줘야 되는 건

호성 엄마 정부자

지…. 뭣 때문이냐? 왜 애들만 희생을 당해야 되냐?"라고 소리를 질렀
지만 결과가 이렇게 나와버렸을 때 진짜 실망스럽더라고요. 그래서
학교를 지키고, 한참 그쪽 부모님 몇 분이서 결상 끌어내고 했을 때
통곡을 하고 울었어요, 동네 분들한테 실망을 한 거죠. '이게 사람 사
는 세상이 참 이렇구나. 왜 이것을 생각도 안 하고 왜 자기의 이익만
생각을 할까'. 그때 아예 정나미가 뚝 떨어지더라고요. 그때 아이들
물건을 가지고 교육청을 갔을 때 저는 밴드도 싫었어요, 우리 교실지
킴이 카톡 있잖아요. 저는 "장소도 마련해 놓지 않는 그곳에 더 이상
아이를 데려다 놓을 수 없다. 나는 내 집으로 데려가겠다" 그러고 가
지고 와버렸거든요, 끝까지 거기서.

면담자   책걸상이랑 다요?

호성 엄마   아니 책걸상은 가져올 수 없었어요. 그것은 가져가면
뭐 법에 걸린대요, 알아봤어요. (면담자 : 그럼 상자만?) 네, 애 물건만.
"여기에서 어떻게 그 공간도 마련하지도 않고, 이 교육이 이런데". 그
래서 그 카톡에서 나오고 아이 물건을 집에 갖다 놨는데. 자꾸 지금
[4·16]기억저장소에서 "제2차 '기억[과 약속]의 길'을 해야 되는데 갖다
놔야 된다"고 [해서] "알았다"고.

면담자   지금 다시 정리했다고.

호성 엄마   정리했다고[정리했는데] 없다고, 6반 없다고. 영석이 아
버님한테 [연락] 와가지고 "우리 그럴 거냐" 그래서, "알았다"고, 지금
그러고 있어요. 근데 아직도 못 갖다 놓고 왔어요.

면담자   교실 존치가 실패한 이유에 대해 많은 말이 있잖아요.

"4·16연대와 이재정 교육감이 도와주지 않았다"는 이야기도 있고, "안산 시민들이, 대부분 재학생 부모들의 입장에서 받아들이기가 힘든 문제였다"라고 하기도 하고 여러 가지 이야기를 하는데, 어머님은 무엇이 문제였다고 생각하시나요?

호성 엄마　저는 뭐, 교육계의 문제죠, 교육계. 대한민국의 교육계에 창피한 노릇이라는 것은 알고 있을 거예요. '국가의 교육적인 대한민국 교육을 책임지는 사람들이 이건 참 창피한 일이다'라고 생각했기 때문에, 흔적 지우기에 [바쁘고], 자기의 아픈, 자기가 잘못한 것 그것을 내놓고 국민들이 자꾸 찾아와서 거기에 자꾸 아파하고, 자꾸 말이 나오고 하는 거에[를] 놔두고 싶지 않았겠죠. 그리고 그렇기 때문에 이게 뭐라고 할까요. 안산에 시민 단체들도 안산의 시민들이기 때문에 적극적인 홍보가 안 됐던 것 같애요. 그냥 우리의 몇 명, 여기에 '기억[과 약속]의 길'을 [걸은] 4000명, 5000명이면 그분들만 알고 있었지. 너무 이게 늦게… 중요성을… 기억의 중요성을 몰랐다라는 거죠. 그리고 여기 안산에 있는 분들도 적극적으로 이게 왜 필요한 건지 몰랐었고, 거기에 뒤에서는 교육에 책임지는 분들이 이것은 자기의 잘못이란 걸 느끼기 때문에……. 교육이, 대한민국 교육이 저 생각은 그래요, '잘못이라는 걸 알기 때문에 이것은 놔둬봤자 자기의 잘못을 자꾸 드러내기 때문에 감출려고 하지 않나. 빨리빨리 잊혀지게 해서, 감춰지지 않았나' 그런 생각이 들었어요. 이게 누구의 잘못이겠어요. 자꾸 그런 생각이 들었어요.

면담자　아이들 교실을 정리할 즈음에 어떤 마음이 드셨나요?

124
·
호성 엄마 정부자

호성 엄마　　　애들 책상 정리했을 때, 그 전전날에 그런 행동을 보고 (면담자 : 이삿짐 버스 오고 했을 때요?) 버스 오고, 그다음에 재학생 부모님들이 몇 명이 들어와서 걸상 [들고] 이렇게 서로 몸싸움하고 그랬을 때는 이 마음속으로 '과연 내 자식의 고향에서 몸담고 살아야 되나' 그런 갈등을 많이 했어요.

면담자　　　그게 처음이었나요, 안산을 떠나고 싶다는 마음이 드신 게?

호성 엄마　　　네, 네. 이게 과연, 진짜 우리가 초창기에 아이 아빠하고 얘기했을 적에 "저기 시골 같은 데 가서 암자 하나 마련해서 아이 데리고 가자"라고 했었거든요. 그래서 "이 죄 많은, 자식을 못 지켜준 죄 많은 부모가 무슨 부모냐, 그러고 살자"라는 건데. 들어와서는 이게 이렇게 문젠데 해결도 안 해주고. '내가 그냥 떠나버리면, 안산에서 [떠나버리면], 후회할 것 같다. 밖에서 세상을 떠나면 고향을 찾아오는 게 사람인데, 고향에서 노력도 안 하고 가면 내가 살면서 후회할 것 같다'라고 해서 "그럼 이거 한번 해보고 가자"라고 했어요, 애 아빠한테. 그리고 그때는[참사 직후에], 팽목에 있을 때는 이 정도의 문제가 국가에 문제가 있는 것도 모르고, 그러면서 [활동을] 했을 때는 생각이 바뀌어서 하다가, 그때 진짜 '과연 여기에서 몸담고 내가 정을 붙이며 살 수 있을까'라는… '참 정나미 없구나'라는 생각이 들은 거예요. 〈비공개〉

　　　추모[공원]도 [설립]할 때까지는, '부지런히 했을 때는 엄청난 큰 싸움이 있을 거다' [싶어요]. 근데 여기서는 실컷 싸우다 갈래요, 여기서는. 마음속에 만신창이가 되어도 내가 미련 없이 실컷 싸워보고 "엄마

는 이것밖에 안 된다. 아들, 미안하다"라고 미련 없이 가야지, 그다음
에 내 아들한테. 그냥 떠나는, 쫓겨나 떠나는 것보다는. 그래서 이것
은 학교 문제는 다음이고 추모의 부지에 대해서 '안산 시민들과 큰 싸
움이 벌어질 거다'는 건 각오하고. 근데 하면 할수록 이렇게 자꾸 부
딪치고, 우리끼리[만으로는] 안 된다라는 것을 자꾸 [경험]하면 할수록,
이렇게 상처를 받고 그러니까 지금 오히려 오기가 생겼어요. '해보자'
내가 그 마음으로면 어떠한 식으로 내 자식이 여기서 묻히게 해주게
[주고] 싶은, 잠들게 해주려면 이 정도는 각오를 해야죠. 그런 마음으
로 자꾸 이렇게 바뀌고 있는 거 같애요. 네, 큰 싸움이 될 거예요. 그
런데 너무 저가 부정적인 얘기만 하죠?

10
일본에서의 재난 관련 추모 경험

면담자   지금 상황이 부정적이니까요. (호성 엄마 : 네, 네) 아이
한테 미안하지 않기 위해서라도 그런 마음이 들 것 같아요. 사실 다른
마음을 생각하긴 힘들잖아요. '이게 설령 실패를 하더라도 그래도 내
가 최선을 다했다'. (호성 엄마 : 그럼, 그런 거예요) 그죠. 엄마로서 부끄
럽진 않고 싶은 마음이 이해가 됩니다. 그리고 어머님 혹시 해외 가신
적도 있으세요?

호성 엄마   저 일본 갔다 왔어요.

면담자   그때는 어떠셨나요? 일본 분들 뵙고?

jinh호성 엄마   일본 분들 뵙고서 '야, 이게 참, 모든 다른 나라도 다 그 렇구나'라고 했었는데요, 가보니까 그분들은 우리하고는 생각이 좀 틀 렸어요. 국가를 미워하지 않더라고요. 거기도 교육청에 문제가 있고, 빨리 대피를 안 하고. 거기를 가보니까 너무 안타까운 게 오히려 (면담 자 : 동일본대지진 일어난 데 가셨군요) 네, 네. 소학교를 갔는데, 바로 뒤 에 가면 [산이 있어서] 산에 올라갔으면 애들이 다 살 수 있었는데 거기 도 아이들을[에게] 그냥 "가만있으라"고만 했던 거예요. 그러니까 거의 다 물이 이렇게 올라왔을 때 빠지니까 우왕좌왕 하다가 애들이 다 그 렇게 희생을 당한 건데, 바로 산까지 올라갔었는데 산에도 충분하게 올라갈 수 있는 건데…. 지금에 와서는 거기도 그런 참사가 일어나고 나서 교육청에서 와서 언덕을 더 만들어놨더라고요. 언덕을 만들어놔 도 그렇게 [오르기] 어려운 산은 아니었어요. 아이들이 거기에 소풍도 가고, 견학도. "거기 가서 꽃도 따고 그랬었다" 그러더라고요. 그런데 아이들을 너무 늦게 대처했다는 거.

면담자   너무 늦게 대피를 시켰군요.

호성 엄마   네. 근데 일본이라는 곳은 지진 방송은 너무 잘되니까 그때도 방송을 미리 했었대요. [재난 방송을] 했으니깐 그쪽의 주민분 들은 아예 국가 상대로 뭘 하지 않고 "교육청에서 선생님들이 잘못했 다"라고 하는 거예요. 그때 몇 주기인지는 몰라도 추모할 때 그 상황 을 봤는데 우리하고 틀린[다른] 게 스님 와가지고 거기 아이들을 추모 를 하고 근사하게 무엇을 만들어놓고 그게 아니라 있는 그대로 자체 를 추모를 해주더라고요, 아이들의 영혼을 달래주는 거. 그라고 교실 에 갔더니 벽만 있었어요. 그 안에 칸막이라든가 다 없어지고 벽만 딱 이렇게 기역 자로 있고, 안에는 뒤쪽으로 돌아보면 텅 비어 있는데 거기에서 많은 사람들이 와가지고 아이들을 추모를 해주고. 진짜로 그것은 '아, 진짜 이 아이들을 위해서 하는구나. 이 사람들은 희생자, 그 많은 희생자를 위해서 하는구나' 하는데, 그쪽에선 양면성이, 한쪽에서는 땅을 다지고 있었어요. 한쪽에서는 추모를 하고 많은 사람들이 오고 하는데 한쪽에서는 땅을 다지고, 거기에도 가면 냄새가, 퀴퀴한 냄새가 나는데도 땅을 다지고 있고. 국가는 "여기에 와도 아무 이상이 없다. 여기서 집을 짓고 살아도 된다", 자꾸 홍보를 그렇게 한다 하더라고요. 그래서 조금 차를 타고 여기에서 기억저장소까지 가는 거리만 하나요, 거기에 비닐하우스 이렇게 해가지고 거기에 새싹을 키우면서 그 부모들이 살기 시작을 하더라고요. 한두 명씩 서서히 들어오기 시작한다는데, 그쪽에 집이 아예 없어지고 몇 개밖에 안 되고. 그냥 사무실이라고 가봤더니 컨테이너, 2층짜리 컨테이너와 그 새싹 키우는 비닐하우스에 가서 "여기에서 먹어도 된다" 그래서 비빔밥을 마련해 줘서 먹고 왔어요.

면담자   언제, 누구랑 가셨나요?

호성 엄마   그때는 우리 세희 아빠, 세희 아빠랑 정인이 아빠 그리고 저하고 주현이 엄마 그러고[그렇게] 넷이 갔다 왔어요.

면담자   어디서 주선했어요?

호성 엄마   그것은 4·16연대에서 해서, 그쪽에서 초청을 했다 하더라고요. 그래서 갔다 왔어요.

면담자   일본 어디죠?

호성 엄마 후쿠시마. 후쿠시마도 갔다 오고, 그쪽에 방사능, 거기도 갔어요. 거기로 갔는데 그쪽 부모들은, 그쪽 부모님이 계속 하루에… 그때가 올 2월 달쯤 될 거예요. 2, 3월 됐을 땐데, 그날만 되면 눈이 온대요. 그날도 눈이 왔어요. 그라고 비바람이, 눈이 막 오면서 그날만 되면 눈이 오는데…. 그분은 아들이, 은행에서 일하는데 대피를…, 거기도 은행으로 소송을 하더라고요. 그러니까 빨리 대피를 했으면 좋겠는데[좋았을 텐데] 괜찮다고 해가지고 아들이 희생을 당해서 그것을 자꾸 알리고 있더라고요. 거기 와서 아들 사진 이렇게 해놓고 알리고 있고. 어떤 분들은 보상을 다 받았대요, 받았는데 잠수사 그것을[일을] 배워가지고, 아직 딸의 시신을 못 찾았았는지 "자기 자식의 시신을 못 찾아서 계속 시신을 찾고 다닌다" 그러더라고요. 우리하고 틀린 게 국가 상대로가 아니라….

면담자 일본 사람들은 국가에 대해서 저항을 하거나 싸움을 하지 않고, 하위 단위의 단체나 기관들을 상대로 지금 싸우는 거잖아요. 왜 이런 차이가 나는 걸까요?

호성 엄마 그때 가서 느낀 것은요, 일본이라는 나라는 원래부터가 그런 교육을 국가에서 했더라고요. 그러니까 나쁘게 말해서는 국가 책임이 아니라고 국민들한테 인식을 시켜준 거예요, 그 교육을 먼저 하고. 우리나라도 지금은 뭐랄까요, 국가에서 은행 같은 데나 어디 국가의 기관한테 [책임을] 자꾸 때[떼]어서 줄라 그러잖아요. 근데 '일본도 그러지 않을까'라는 생각이 들었어요. 일본도 국가 건물이 아니라 그걸 뭐랄까요, 하청을 준다 그럴까요? 하청을 줘서 우리나라도 지금 전철 같은 것도 그런 식으로[민영화] 할라 그러잖아요. 그러다 보면 그

주인에게 묻게 되는 거예요. 그니까 나라에서 한 것은 '우리는 방송해야 하고, 그런 교육은 꾸준하게 시켰다'라고 생각을 한 거죠. 그런 교육은 꾸준하게 시켰으니까 이건 국가가 문제가 아니고, 그 참사가 일어나기 전에 우리는 몇 시간 전부터 계속 그런 방송을 했었으나 책임자인 이 사람들이, 그 교육을 받은 책임자들, 어른들이, 그 선생님들이 그것을 지키지 않았다. 그러니까 이것은 일본이라는 나라는 원래가 지진도 많이 나고 그렇기 때문에 뭐라 그럴까요, 그게 시스템이 국가의 책임이 아니게끔 사람의 인식에 그렇게 박혀 있는 거 같아요.

면담자   오랫동안 일본 국가에서는 그렇게 한 거 같다?

호성 엄마   네. 그리고 도쿄 와서 그런 거리를 해[다녀]보니까, 그 사람들은 지진이 나도 쉽게 만질 수 있게 그게[설비가] 돼 있는 것 같더라고요, 쉽게. 이렇게 건물을 봤을 때 '저것이 왜 전기선 같은 게 나와 있지?' 하지만, 그 사람들은 흔하게, 쉽게 이걸 고칠 수 있게 밖으로 빼서. 깔끔하게 했을 때는 그런 게 기초적으로 그게[쉽게 고칠 수 있게 시공이] 되어 있지 않나. 그렇다면 그것을 일본 국민들이 봤을 때 인정을 하는 것 같은. 저가 봤을 때 [일본은] 그것을[그렇게] 인정을 하는데, 우리나라는 그게 전혀 아니에요. 외부적으로만 그냥 번드르르하지 뭘 하면 그냥 아예 어디가 있는지 금방 고칠 수도 없는 상황이고, 그만큼 희생이 더 많아진다는 거죠. 근데 일본은 다 드러내 있고. 국가가 얘기했을 때 우리가 봤을 때는 "국가 잘못이 아니에요?" 그랬는데, 그 사람들은 전혀 국가한테는 그걸 물을 생각도 안 하고, '국가에서도 국민들한테 교육을 잘 시켰다. 기본적으로는 자기네들이 말 안 나오게, 기초는 되어 있지 않나' 그런 생각을 갖고 왔어요.

호성 엄마 정부자

재판과 청문회

면담자   2014년도부터 광주법원 등의 재판 과정이 있었죠. 어머님은 재판에 가신 적 있으신가요?

호성 엄마   이렇게 꾸준하게 가지는 않고 계속 띄엄띄엄 갔었죠.

면담자   해경 123정장과 선장만 처벌을 받은 거잖아요. 이런 결과에 대해 어떻게 생각하시나요?

호성 엄마   그런 결과에 대해서는 (면담자 : 그때 재판 과정에서 들으셨나요?) 그때 그게 확정이 될 때는 내려갔었는데요, 그것은 당연히, 나는 '그들은 당연한, 그렇게 내릴 것이다. 누군가는 책임을 져야 될 사람이 있을 거고 그러면 그 사람한테 주겠지'라는 그런 게 있잖아요. 아예 미리 가족이 더 먼저 알고 그냥 내려가는 상황인 거예요. 요즘에는 "어떻게 스토리를 만들어 어떻게, 어떻게 해서 그들이 책임자는 만들어야 될 거고. 제일 힘없는 사람 하나 해서 [책임지게] 하겠구나". 자꾸 이런 얘기를 들었을 땐 그 선장에 대해서는 의문점이 참 많았어요.
〈비공개〉

면담자   그리고 2015년에 특조위 청문회 참관하셨나요?

호성 엄마   청문회, 네, 다 갔었어요. 청문회, 일단은 우리 잠수사. '얘기해 줘서, 용기를 내줘서 정말 고맙구나'. 처음에는 너무 답답해 가지고…. 글쎄 이게 자꾸 얘기를 들으면, 우리가 뜬소문을 듣고 우리가 오해를 하고 있고, 이 국가에 [대해] 오해를 하고 있는 건지 치열하게 안 밝혀주니깐요. 청문회라고 해도 어떠한 얘기를 했으면 좋겠는데, 어느 정도는 가려서 얘기를 하는 것 같으니까 거기에서 항의도 못 하겠는 거예요. 지금 뚜렷하게 이게 기다, 아니다 이렇게 말을 못 하니까. 그런데 잠수사분이 와줘서 '정말 고맙구나' 그런 마음이 많이 들었는데 안타깝게 그렇게 되고 나니까(한숨).

면담자   어머님은 청문회 여러 증언 중에서 얼마 전 타계한 김관홍 잠수사의 이야기가 많이 고마우셨군요.

호성 엄마   네, 고맙고. 그래서 가고 나서는 '저분이 내 아이를 수습했을지도 모른다' 그런 거 있잖아요. 그래서 가서 그렇게 그 역할을 했던 거 같애요. 끝날 때까지 추모분과에서 가서 [활동]했어요. 했는데도 항상 미안하죠, 그 아이들 보면 더 미안하고. [가족들이] 엊그저께 그 혁신, 거기에 28일 날 갔는데도 오셨더라고. 이거예요, 욕심 같았으면 '살아 있어서 더 말씀해 주셨으면' 하면서도 한편으로는 '저 어린 아이들 두고 어떻게 갔을까. 얼마나 힘들었으면 저랬을까'라는 그런 마음도 들고… 마음이 복잡해요.

그리고 마지막에는 우리 청문회 했었잖아요. 마지막 청문회 하면서는 나와가지고 그 증인, 무던히 '우리 특조위에서 고생을 했구나. [증거로 내놓을] 뭐가 없어서 저렇게[까지 했을까?'. 그래서 한편으로는 내 솔직한 심정으로 어이가 없으면서도, 한편으로는 "거기 가서 고생하셨어요. 어떻게 1회에 보이지 못한, 사람은[증인은] 안 나오고 화면으로 그걸[증거를] 어떻게 다 일일이 해가지고 하셨대요" 그랬더니 "고생했습니다" 그러더라고. "네, 네, 대단하셨어요". 근데 '그것마저도 안 했으면 어떡했을까' 그러면서도 한편으론 '야, 이게 도대체 갈

길이 너무 길구나'. 너무 기가 막혀가지고 웃음밖엔 안 나와요.

면담자　　특조위는 이제 어떻게 하면 좋을까요? 공식적으로는 해산된 거잖아요.

호성 엄마　　다시 만들어야죠, 다시 해야죠. 이거 하나, 특조위 반쪽짜리 만들 때도 보면 그렇잖아요. 이거 가지고 뭘 할 수 있을까, 2차까지 청문회도 했었고. 뭐라도 다시 하면 그 사람들이 말 한 거 다시 돌려가지고 다시 확인시켜 놓고. 뭐든지 막고 있는데 그 정도로 했으면, 응, 하신 거야. 부모들한테야 100프로 마음에 안 들…, 만족하진 않지만. 그렇게 했으면 다시 해야죠. 다시 해서 해야지, 그거 가지고 포기하면 안 되죠.

면담자　　정치 투쟁과 관련된 것은 거의 다 말씀하신 거 같아요. 3차 구술에서는 지난 2년 반 동안의 변화, 깨달음, 그리고 최근에 하시는 일들에 관해 이야기를 할 거예요. 그 얘기 할 때, 이 공동체 활동 이야기를 같이하면 좋을 것 같아요.

호성 엄마　　네, 그러네요.

면담자　　오늘은 이것으로 2차 구술증언을 마치도록 하겠습니다. 수고하셨습니다.

호성 엄마　　고생하셨습니다.

3회차

2016년 11월 7일

1
시작 인사말

면담자   본 구술증언은 4·16 사건에 대한 참여자들의 경험과 기억을 기록으로 남김으로써 이후 진상 규명 및 역사 기술에 기여하고자 합니다. 지금부터 정부자 씨의 증언을 시작하겠습니다. 오늘은 2016년 11월 7일이며, 장소는 안산시 단원구 정부합동분향소 내 불교 방입니다. 면담자는 이현정이며, 촬영자는 김솔입니다.

2
종교활동에 관하여

면담자   저희가 지난번에는 가족들의 투쟁을 쭉 시기적으로 짚어봤고요, 오늘은 어머님께서 어떠한 공동체 활동에 참여하셨는지, 그리고 각 활동을 시작하신 계기, 혹은 그만두시게 됐다면 왜 그만두게 되셨는지, 이러한 이야기를 해주시면 될 거 같습니다.

호성 엄마   분향소가, 우리가 1주기를 접하고 들어와 보니까 분향소 불교 부스 같은 경우에는 아예 문이 닫혀 있었어요. 그래서 이것을 안산읍[에도] 알리자고 한 이유가 여기 아이들이 너무 밖으로만 돌아다녀서 분향소가 너무 썰렁한 거예요. 그래서 여기 분향소부터 한번 살려보자. 분향소에 많은 사람들이 우리 아이들을 만나러 왔으면 좋겠다고 해서 문이 닫혀 있는 공간은 다 열기로 한 거예요. 그래서 저 같은 경우에는 불교 쪽에 혜장 스님서부터 여기에 처음에 문 열었던 스님서부터 계속 전화로 물어물어 전화 통화를 했는데, 결국에는 시청이 담당이라고 해서 한 10번째로 쫓아다녔을 거 같애요. 그래서 불교 부스를 문을 열기 시작했죠.

문을 열기 시작하고 가족들이, 불자들이 모여서 이걸 하다가 "안산에 스님이 조금 이것을 알리기를 했으면 좋겠다, 와서 법회를 했으면 좋겠다, 1주일에 한 번 정도". 그래서 지금은 부곡동에 복지사 여스님이 어떻게 연결이 돼가지고요, 그 스님이 일주일에 한 번씩 와서 법회를 해주셨어요. 근데 부모님들이 [참여가] 일정하지가 않았어요. 일정하지가 않고 자꾸 외부 쪽에, 급한 일이 있으면 외부로 나가시고요. 우리 도언이 엄마 같은 경우도 불자거든요, 집안이 거기도 불잔가 봐요. 그 엄마하고 저하고 생각이 틀린 게 그분은 어느 정도의 큰 단체, 조계사에 연결을 해서 왔으면 했고, 나는 큰 단체들은 우리 [가족협의회] 위원장들을 만나니, "여기는 안산에 있는 스님들이, 안산의 절이 좀 활성화했으면 좋겠다"라는 그게 해서[의견을 내서] 도언이 엄마가 약간 양보를 한 거죠. 그래서 그 스님이 한 1년 정도는 끌어갔어요.

면담자   그 스님께서 일주일에 한 번씩 오셨었던 건가요?

호성 엄마   네, 네. 1년 정도는 토요일마다 와가지고 끌어갔는데, 어쩔 때는 토요일 날 무슨 급한 일이 있고 뭐 하면 부모님들이 한 분 오실 때도 있구요. 저 같은 경우에도 법회를 이렇게, 이 [불교 부스] 컨테이너 문을 열었지만 무슨 일이 있으면 밖으로 나가기 일쑤였어요. 그래서 스님이, 그분도 일이 있기 때문에 이게 안 되는 거에요. 좋은 마음으로 왔는데 가족이 한 명 있을 때도 있고, 그러니까 뭔가 안 이

뤄졌겠죠. 그래서 작년, 올 1월 달인가요? 작년 12월 달쯤 돼서 "그러면 한 달에 한 번씩 법회를 하든가 내한테 급한 일이 있으면 연락을 해라". 이렇게는 자기도 바쁘고, "아직도 가족이 이렇게 자기 마음을 다스리기에는 너무 그런 마음인 거 같다"고 아쉬워했어요. 그래서 스님하고는 그때 법회 문을 닫기로 한 상태예요.

닫기로 한 상태고 그 후로는 어떻게든 안산시, 그 호성이[와] 내가 다녔던 절의 스님이 와가지고 한 두 번 정도 해줬고요. 어떤 분들이 돌아가면서 한 번씩 했으나 가족이 많이 모이지 않으니까…. 기독교는 그쪽의 교회 분들이 많이 오셔가지고 가족이 두세 명이 참석을 해서 같이 기도하고 해주는데, 불교 쪽에는 스님만 오셔서 가족이 다 모으기에는 그랬어요. 그쪽에도 스님분들한테도 부탁을 좀 해봤지만, 그분들도 "신도들한테 말하기가 조금 꺼리다[꺼려진다]. 나도 여기 오기가 좀 그랬다"라고 말씀을 하셔서서 너무나 소극적이었고. 오히려 더 상처를 많이 받은 거 같애요.

면담자   아, 그 스님분께서요?

호성 엄마   아니, 스님한테 상처를 받은 게 아니라 그런 소극적인 태도에. 그러니까 불교, 안산에가 이게 뭐랄까요. 절 같은 데가 "조금 경영이 힘들다"라고 그렇게 말씀하시고 적극적으로 그렇게 나서지를 않고. 저번에 초창기에도 말을 했지만, 내가….

면담자   스님분께서 오히려 가족들이 소극적인 태도를 보이는 것에 대해서 상처를 받으신 건가요?

호성 엄마   스님도 그런 거에 대해서 (한숨) "안타깝다"라고. "이렇게 돌아다녀서는 안 되고 마음을 다스리고, 아이들을 위해서 불공도 드리고 해야 되는데 안타깝다" 했고요. 저 같은 경우에도 초창기에 아이를 보내놓고 이 마음이 있죠. 내가 믿는 종교에 불신을 갖기 시작했어요. '내가 이렇게 누구를, 부처님을 믿고 하면 내 자식도 보호해 줘야 되고 그렇게 해야 되는 거 아니야?' 그런데 그런 믿음이 없어진 거죠. 네, 마음속에 '아우 뭐야, 나의 소중한 걸 가져갔는데 이게 뭐야'라는… 이게 믿음이 없어진 거예요.

그러고 나서 [제가] 세상을 알게 됐다 했잖아요. '스님도 스님 나름이고 목사님도 목사님 나름이더라, 사람이'. 그 목사님 하면은 다 존경스럽고 그런 줄 알았더니 그게 아니었던 거예요. 점점점 이렇게 활동을 하다가 돌아다니다 보니까 '이게 아니다'라는 생각이 들었어요. 그리고 나는 진짜 도언 엄마하고 그런 식으로 얘기를 해가지고 "안산의 스님들이 돌아가면서 해줬으면 좋겠다. 여기를 활성화를 했으면 좋겠다" 그렇게 했었는데, 그분들도 결국은 뭐랄까요, "우리 가족이 참여하지 않는다. 나도 시간이 없다. 그리고 이렇게 참여하지 않는데 다른 안산의 스님들한테 자꾸 말할 수가 없다" 그래서 "그럼 스님, 오지 마세요" 그렇게 말을 했던 거 같은데, 그런 거에 대한, '왜 적극적이지 않고 스님도 비겁하다'는 생각이 언뜻 들었던 거죠. 그래서 지금은 문을 닫은 상태고.

지금은 제2의 '기억[과 약속]의 길'을 하기 때문에 내가 안산의 스님들한테 기회를 주겠다고 줬는데, 조계사한테 연락을 했어요. "기억의 길을 하니까 한 달에 한 번 정도는 꼭 여기를 왔으면 좋겠다"라고 요청을, 지금 부탁을 드린 상태라 "회의를 하고 연락을 드린다" 그러더라고요.

그리고 또 하나의 불신은 [제가 가협] 추모분과에 있기 때문에 모든 종교가, 내가 얘기를 하다가 집에 와보니까 모든 게 다 불신이더라고요. '모든 종교가, 이 종교들이 여기에서 있으면서 진심으로 우리를 도와주고 있나. 아니면 나중에 추모관이 생기면 나중에 이익을 보고 있나'. 자꾸 알면 알수록 이분들이[의] 진심이 자꾸 의심이 되는 거예요. 지금 그런 상태에, 지금 진행 과정이에요. 그런 상태에 불교방은 진행 상태이고. 〈비공개〉

그래서 어떻게 문을 열게 되어서 '[힐링센터0416]쉼과힘' 사무국장이 어느 정도의 돈을, 그쪽에 사업비가 좀 있었나 봐요. 그래서 마루를 깔고, 컨테이너를 엄마들이 노랭이[노란색 인테리어의] 컨테이너를 만들고. 그때 다 만든 거거든요. 그래서 오시는 분들 여기서 간담회를 거의 20명, 많게는 학생들이 들어가면 30명인데, 30명까지는 조금 힘들지만 20명 정도, 25명 정도 들어가서 거기서 소규모 간담회를 하기 시작했어요. 간담회를 하기 시작했고, 오시는 분들, 기억의 길에 오시는 분들은 내가 얘기하는 거보다 많이 들어주는 얘기를 했었죠. 어떤 생각을 하고 있고, 이 참사에 대해서 어떻게 방향성이라든가 어떤 아픔이라든가, 그런 분들의 얘기를 많이 들었던 계기가 됐던 거 같아요. 그래서 학교를[기억교실을] 이전한다고 하고 그래서 기억의 길을 지금은 그만둔 상태고요. 저기는 회의실, 가족분과별로 회의실이라든가 그런 식으로 다른 손님이 왔을 때 쓴다든가, 거기서 기자회견을 한다든가 그런 장소로 지금 쓰고 있고요. 그다음에 [4·16]합창단을 들어갔어요.

면담자   언제 들어가셨나요?

호성 엄마   합창단은 초창기에, 초창기에 거기가 수원인 거 같애요. 수원인데, 어디든가요? 야당이 처음, 초에 야당 분들이 국회의원들이 다 모였더라고요. 무슨 뭐라고 하는데, 거기서 했는데 눈물이 났어요. 이 노래 가사를 자꾸 할 때마다 막혀가지고 자꾸 눈물이 나는 거예요. 근데 이 사람들 앞에서 눈물을 흘린다는 게 너무 자존심 상하고 바보스러운 거예요. 그런데 자꾸 눈물이 나서 한 세 번 정도는 참석을 하고, 그리고 노래도 못 하고. 노래도 못 하고 무대만 올라가면 자꾸 눈물이, 좋게 음성이 나와야 되는데 어어어 막 이렇게 나오니까 '이건 도저히 안 되겠다, 맞지 않구나'. 울고만 있으니까 노래를 불러야 되는데, 여기서 부르고 여기서 부르고 소프라노도 불러야 되는데 이러니까, 한 세 번 정도는 갔던 거 같네요. 안산에서 북 콘서트 처음 열 때 그때 하고 한 세 번 정도 나간 거 같은데, 이거 하고는 도저히 옆에 사람한테 피해만 주는 거 같애서 그만뒀고.

그다음에 아빠목공방에 들어갔죠. 들어가서 거기는 1기는 어느 정도는 다 채우지는 못해도, 아빠목공방하고 엄마목공방하고 꾸준하게 했던 거 같애요. 초창기에 이런 일이 있고, 밖으로 돌다가 분향소로 엄마공방에 들어갔어요. 〈비공개〉

면담자   맨 처음에 엄마목공방, 아빠목공방이 생기게 된 계기는 어떤 것이었나요?

호성 엄마   2015년도에 이게 예은이 엄마하고 나하고 통했던 거 같아요. 2014년 여름에 우리 가족이 워크숍을, [경기도]미술관에서 워크숍을 하면서 그때부터 계속 '이거 안산을 이렇게 놔두면 안 되는데 너무 등한시하고 있다. 안산을 이렇게 놔뒀다가 나중에 더 큰일, 뭔가가 안 알려질 텐데'라는 생각이, 자꾸 잊혀지는 거에 대해서 조바심이 났어요. 그래서 워크숍 때 그런 얘기를 했었는데, 부모들도 그것은 필요성은 느끼는데 선뜻 외부 쪽에 너무 바쁘니까 안산을 등한시했죠.

면담자　　　그게 한 1주기 지나고 나서인가요?

호성 엄마　　1주기가 지난 게 아니고 2014년 겨울, 겨울이 아니라 여름인지 9월인지를 모르겠어요. 한번 워크숍을 한 적이 있거든요.

면담자　　　가족협의회 분들이요? 아니면 다른 분들이?

호성 엄마　　가협, 가협. 그때는 거의 다 밖으로 돌아다니는 사람들이 대협[대외협력분과]이라고 생각했으니까. 그리고 11월 달에는 제가 동네에서 우리 통장님한테 얘기해 가지고 그렇게 했었고. 너무 상처를 받아서 이런 얘기를 했었죠. 그런데 봄에, 1주기가 끝나고 예은이 엄마하고 그게 맞아떨어진 거예요. 그래서 나는 "안산을 알려야 되겠다"라고 했는데 예은이 엄마는 "안산을 알리려면 [4·16]기억저장소로 가야 된다" 그래서 "기억저장소가 뭐니?" 내가 [물어봤죠]. 기억저장소, 이게 말은, 그때 성실이 언니고 성호 엄마고 들어가서 자꾸 이렇게 해가지고, 기억저장소를 잘 몰랐는데 이게 기록물을 [관리]한다는 것도 그때 모르고 "기억저장소가 뭐니?" [하고 물어본 거예요]. "안산에 하면, 언니 이렇게 했으면 좋겠어. 가족이 점점 참여를 안 하고 있으니까 [기억저장소 일을] 했으면 좋겠어" 해서 "그러면 같이해 보자, 안산에 있는 건데". 그래서 영만이 엄마랑 저랑 예은이 엄마랑 기억저장소로 가면서, 여기를 활성화를 시키면서, 같이 회의만 참석하면서 왔다 갔다 하면서 그때 공방을….

근데 1기 때도 공방은 들락날락거리면서 여기 앉아 있지는 못하고 노란, 그때 리본을 만들었잖아요, 그다음에 건빵이라는 걸 만들고. 그러면서 불신은 '왜 이렇게 답답하게 여기 앉아 있어? 지금 빨리빨리 알려야 되는데'. 그러면서 본격적으로 참여를 한 것이 그때부터인 거 같애요. 1주기 끝나고 '나도 뭔가를 좀 해볼까?' 그래서 이렇게 앉아 있다가 10분을 못 앉아 있는 거예요, 막 답답해서. 앉아 있으면 머릿속에서는 빨리 뛰쳐나가고 싶고 다른 얘기를 해야 될 것 같고, 그런데 안산을 알리자고 왔으니까.

그러면서 2015년부터 기억[과 약속]의 순롓길하고, 그다음에 기억저장소 회의 들어가고, 안산 이쪽에 분향소를 활성화시키고 '무엇을 어떻게 하면 사람들이 많이 올까', 너무 삭막하니까. 그리고 안산에 대한 회의를 많이 했었죠. 안산에서 알리려면 이러이러한 회의를 하고 이런 행동을 해야 되고 말조심해야 되고. 그리고 한 교수님을 모셔다가 기독교 부스에서 회의를 하다가 노랭이 방[기억과 약속의 방]에서 자주 그런 회의를 했었어요.

그러면서 엄마들이 무엇을 할 것인가. 그때 마음을 많이 다스렸던 거 같애요. 저기 앉아 있어도 저 엄마들은 밖에 나갈 아직 자신이 없으니까. "우리가 기다려주자"라고 그때는 그랬었어요. 내가 기다려주고, 예은이 엄마하고 계속 얘기를 하기를 "만약 저기라도, '엄마공방'이라도 안 나오면 어떡해. 그럼 많이 나오게 우리가 기다려주자. 저 엄마들은 아파서, 어디 가 사람들 앞에 서지를 못하는 엄마들을 가지고 우리가 막 이렇게 욕을 하면 어떻게 하냐. 차라리 공방이라도 많이 나오게 하자". 그런 차원에서 공방에 가면 저 하는 일은 맨날 그랬던 거 같애요. 그냥 청소하고 다른 사람이 안 하는 일을 많이 했던 거 같애요. 옆에 놔두면, 엄마들은 그냥 먹는 거 놔두면 그대로 놔두는 거예요. 이게 만사가 귀찮은 거죠, 무력감에 빠져서. 누군가가 시민분들이 음식을 가져온다든가 과일을 가져온다든가 고대로, 그 상태 그대로인 거예요. 그럼 그걸 다 치우고, 뭔가를 열심히 돌아다닌 거 같애요, 여기를.

진짜 이 목표가 엄청 컸었죠. '사람들이 여기를[분향소를] 와야 돼. 우리는 뭔가를 밝혀내야 돼. 여기서 쫓겨나지 않으려면 뭔가를 여기서 사람들이 바글바글해야 된다'라는 그런 게 두려움도 있었고, 보여주기 위한 것도 있었고. 안산이라는, 이 많은 아이들이 안산에서 이렇게, 단원고라는 아이들이 이렇게 목숨을 잃었기 때문에 '안산이 주가 돼야 된다'라는 생각을 많이 했었어요, 광주처럼. 무조건 우리가 서울로만 가서는 안 된다. 왜 여기에서 [모이지 않는지] 1주기 때도 불만이 많았고, 2주기 때도 불만이 많았어요. "왜 우리 아이들은 여가[여기에] 있는데 우르르 해가지고 거기 가고 있어, 하루만이라도 여기서 해주면 안 돼?"라는 그런 걸 너무 안타깝게 얘기했지만 이것은 우리의 일만이 아니고, 한편으론 이해를 하면서도 말 들어보면 "우리의 일만이 아니고 대한민국의 일이기 때문에 어쩔 수가 없다. 가야 된다"라고 하지만, 그래도 이게 대한민국의 일이, 안산에서 한다고 이게 대한민국 일이 아닐 수가 없는데, "왜 내 새끼들은, 내 새끼 가는 날은 내팽개쳐 놓고 다 거기 가서 그라고 있느냐, 이건 누구한테 보여주기 위한 게 아니다. 차라리 그분들도, 우리하고 함께하시는 분들도 다 이해하고 그 하루는 여기로 올 거다. 여길 좀 집중해 달라, 그리고 오히려 이런 걸 보고 안산 시민들이 바뀔 것이다. '이게 도대체 무슨 뭐지? 매스컴에서는 보면 보상 다 해주고 다 끝난 걸로 알고 있는데 이게 뭔가가, 이게 심각한 진짜 참사였구나, 사고였구나'. 안산 시민들이 이걸 보고 알지 않겠냐'. 자꾸 그렇게 했지만은 생각 외에 이게 저 생각하고는 틀리더라고요.

면담자   어머님 생각이 소수의 생각이었던 건가요? 다른 분들은 그런 생각에 별로 동의를 안 하시구요?

호성 엄마   우리 가족협의회 임원들은 그쪽에, 아무래도 회의를 4·16연대[4월16일의약속국민연대]하고 회의를 하다 보니까, 그쪽에 자꾸 이렇게 맞춰지는 것 같아요. 이 일은 진상 규명을 하고 끝까지 가기 위해서는 가족만[으로는 할 수 없다], 저도 그것은 이해를 하죠. 그런데 그 하루만이라도 [안산에서 보냈으면 좋겠다] 그런 생각을 했지만, 가기 위해서는 우리의 가족의 인원이 자꾸 줄어들고 이 인원 가지고 진상 규명이라는 것은 무엇을 해도 힘드니까 자꾸 '연대, 연대' 하는 식으로 이렇게 가는 것 같아요. 그래서 저 같은 경우는 가족이, 내 집안이 튼튼해야지 연대도 할 수 있다는 거거든요. '가족을 등한시하고, 가족하고 이게 소통이 안 된 상태에서 밖으로만, 다른 사람하고만 연대를 해서 뭐 하겠냐'라는 나는 그 생각을 많이 가지고 있었어요.

면담자   안산 같은 경우는 외국인 문제도 있고, 각종 노동자 이슈들도 많았고, 사실은 시민운동의 힘이 굉장히 강한 곳이잖아요. 그런데 안산에서 시민운동 하시는 분들도 안산보다는 4·16연대와 같이 활동하셨나요?

호성 엄마　　네, 네, 다 연결돼 있더라고요.

면담자　　'안산을 강화하는 것보다도 4·16연대와 같이 가야 된다' 이렇게 생각을 하셨군요.

호성 엄마　　그래서 어떤 식으로, 뭘 느꼈냐면, 2015년도에 '안산을 알리자' 해가지고 제일 먼저 4·16연대부터 해서 간담회 자리를 마련해 달라고 했어요. 그런데 그렇게 되지 않았어요. 간담회 자리를 마련해 준다고 그분들이 최소한의 노력을 안 했다는 건 아닌데, 가보면 다 우리의 활동하시는 분들이었어요. 가보면, 성폭행[상담센터] 그쪽에 가면 그분들 다 오시는 분들, 초창기에 오시는 분들이고. 하물며 어디 건물에 가다 보면 온마음센터 직원들이 와서 싹 있질 않나, 복지사 직원들이 와 있지를 않나, 이게 돌고 돌았어요. 그래서 하물며 길거리를, "그러면 시민을 만나자" 해서 길거리 촛불집회를 간 거예요, 한겨울에도. 거기도 마찬가지예요. 거기에서 마이크를 들고 동영상을 틀어주고 촛불을 다 켜고, 마이크를, 촛불을 켜면 처음에는 너무너무 감사했죠. '이분들이 도대체 뭔가? 이 동네에서 [오신 분들인가?]' 근데 다 그분이 그분이에요. 상록수[역]에서 하든 여기 와동에서 하든 그분이 와가지고 앉아 있어요. 그래서 소리쳐서 "우리 아이들이", 와동에 가서는 "우리 아이들이 시험 끝나면 여기 와서 떡볶이 사 먹고, 당구장도 가보고 노래방도 가고 이런 장소입니다. 그런 아이들이 사라져버렸습니다. 주민 여러분, 나와주세요. 동네 분들, 나와서 좀 들어주세요". 그래도 오지 않았어요. 그냥 우리끼리 해요, 우리끼리.

그래서 이분들한테도, 먼저 저 같은 경우에는 2주기 될 때도, "1주기 때는 정신이 없었다 하더라도 2주기 때는 그러지 말아야 되지 않느냐, 여기를 와달라 하지 않느냐. 하루만이라도 여기에서 행사를, 우리 추모행사를, 추모제를 지내고, 진짜 부모들이 힘들게 하루만은 자기 마음을 다스리고 애한테 찾아가는 시간을 줘야지, 광화문에 가서 죽치고 앉아 있고 찬바람 쐬고 그러고 있느냐. 그건 너무 못 할 짓이다"라고 했는데 내 말이 먹히지 않았구요.

4·16연대 위원장하고도 얘기를 해봤는데, "거기에서 오래요. 저도 그라고 싶은데요", 그 사람도 힘이 없더라고요. 그리고 계속 그런 얘기를 했었어요. 안산의 시민 단체가 다른 지역보다 엄청 많다고 들었어요. 다니다 보니까 그것을 알게 됐죠. 그런데 '참 벌어먹고 살기 힘들다, 그분들도', 결과는 그거였어요. 아무것도 움직이지 않아요. 그분들은 이름만 시민 단체이지 그냥 동네 분들하고 다를 게 없었어요. 그냥 시민 단체 이름이기 때문에 우리한테 와서 같이 움직이고 피케팅을 하고 하지만 더 이상은 나가지를 못했어요. 그분들은 딱 중간, 저희가 보기에는. 이것은 대한민국에 이런 일이 일어나면 안 되기 때문에 이 부모들이 자식을 잃고도 돌아다니거든요, 그것을 깨달았기 때문에. 그런데 [안산의 시민 단체] 이분들은 대한민국이 이런 현실이라는 걸 우리보다 먼저 아시는 분들이에요. 근데 중심을 잡고 있더라고요, 중심을 잡고 있고. 마냥 이 안산에 있는 분들은 어떨 때는 대변인인 것마냥, 대변인인 것마냥 이렇게 말씀을 해주셨어요.

저희가 안산에 있는 [주민]분들이 우리 아이들을 못 구해줬다고 말하는 게 아니에요. 안산에 있는 아이들이 갔기 때문에 안산에 있는 분들이 마음이 바뀌어서 같이 참여를 했으면 좋겠다는 그거지. 우리가 '안산에 있는 분들이 우리 아이를 죽였으니까 당신들 나빠' 욕하는 게 아니거든요. 그런데 그분들은 "안산에 있는 분들도 마음이 아프다, 안산에 있는 분들도 자기도 희생자라고 생각한다". 오히려 회의를 하면, 중간중간 대표단이라고 오신 분들이 회의를 하면 그런 말을 해줬어요. 근데 그것도 우리가 받아들일 건 받아들여야죠. 이렇게 안산에 피해 지역, 노동자, 공단 지역 많고 외국인 많고 세월호까지 벌어졌으니까 "우리는 솔직히 말해 창피스럽다. 내 집값이고 뭐고 다 떨어지게 생겼다" 그런 식인데, 그것도 인간답지 않게 그런 점이 너무 실망스러운 거예요. 뭔가를 해결할라고 하질 않고 오히려 공격을, 이 동네에서 오히려 더 공격을 당하는 그런 것을 많이 느끼고, 많이 느끼고 많이 듣고, 그렇기 때문에 더 상처를 많이 받았던 것인 거 같애요. 그래서 지금은 이런 말을, 가족들한테 이런 말을 하죠. 저가 교수님한테도 얘기를 했지만 "여기에서 지칠 대로, 안산에서 지칠 대로 지쳐서 만신창이가 돼서 내가 나가도 나간다. 내 자식한테 '엄마는 더 이상은 할 수 없어' 그 말이 나올 때까지". 그 후로 그러지 않는 이상은 여기서 물러나지 않는다는 약간 오기가 생겼어요, 오기가 생겨서 다녀요.

　그래서 이 부모들이, 어떨 때는 내가 너무 추모를 하고, [추모공원] 공청회를 9일부터 할 건데, 부모들이 저번에 시장님을 만나러 갔을 때는 거의 전화를 하고 자꾸 밴드에 올리고 했을 때는 [참가자가] 30명이 됐어요. 그런데 이번에는 그분들한테 전화를 했을 때 일 나가시는 분들도 있고, [공청회가] 시간상 11시니까 일 나가시는 분들도 있고,

"동네 분들을 만나기 싫다"라고 하시는 분들이 있어요. 그래서 내가 "납골당에, 아이들 거기다가 갖다 놓은 데, 납골당이 마음에 들어?" 나도 모르게 부모들한테 쏘아붙였죠. 그러면서 "우리 아이들 죽음이 국가에서 바라는 거대로, 그냥 일반 사고 그거 맞아? 아무 싸울 마음도 없고 납골당도 마음에 들고? 거기 가서 자리만 참석해 달라는 거야. 근데 그것도 못 해준다면 어떡하니, 나는?" 그러니까 [나도] 아퍼". 지금도 그래요. "그 사람들 얼굴 마주 보기가 싫어". 그러면[서] "나 알 거 아니야, 누구 엄마[가 세월호 희생자 엄마라고 알게 되는 게 싫어]". 어떨 때는 나도 애를, 단원고 다녀서 애를 아직도 모르는 사람이 있는데, 내가 가면 "'저 엄마가?', 통장을 만나고 뭘 만나면 '저 엄마가? 어머, 저 엄마도 자식을 보냈나 봐' 그렇게 들통이 날까 봐 못 가겠다"라는 말을 되게……

그래서 저번 주는 돌아다니면서 '이게 뭐지?' 자꾸 이렇게 안산을 알리고 다니면서 가족한테 치하고[치이고], 안산 시민한테 치하고[치이고]. 자꾸 힘이 빠지는 거 같애요. 그래서 '나는 도대체 뭐지? 나는 도대체가 뭘까?' 이 공방에, 추모 일을 하면서, 공방 일을 하면서 공방에 엄마들은 뭔가를, 온마음에서 프로그램을 갖다가 하고 밖에 나가서, 그 뭐더라 장소가 없으니까 '쉼과힘'에 가서 강사로 뛰게 하고, 나는 치다꺼리만 하고 있는. 솔직히 말해서 교수님한테 얘기하니까[얘기하지만], 맨날 뒤에 가서 서류 가서 바치고. 이게 전혀 해보지 않는 일인데 '이렇게 하면 뭔가가 틀려[달라]지겠지, 이렇게 하면 우리 엄마들이 용기를 내서 앞에 나오겠지'. [엄마들이] 분향소 대기실에만 있지 않고, 광화문에 가서 피켓 들고, 동네 가서 금요일마다 피켓 들고, 소극적이

호성 엄마 정부자

되지 않고 자신감을 가지기[가지게 하기] 위해서.

　우리가 아이를 보내기 전에는 맨날, 그냥 평범한 아줌마예요. 공장 다니고 식당 다니는 평범한, 그렇지 않은 부모도 있지만. 그러나 내 기술을 배워가지고, 아이를 보내놓고 잠 못 자고 그 밤을 지새우면서 기술이라는 것을 배웠잖아요. [엄마공방에서] 자수랑 퀼트랑 모든 기술을 배워서 그걸 가지고 장소를 빌려서 거기 가서 동네 분들을 만나고, 그 엄마들이 "선생님, 선생님" 소리 듣고 그걸 보면 너무 뿌듯한 거예요. 그걸 보면 사실 엄마들이 뭐라도 화장품이라도 바르고 와서 애들 가르쳐주고 그랬을 때 "아우, 이 엄마들이 맞어?" 이렇게 하면서 자신감을 길러주고, '어떻게 앞으로 내가 살아갈 것인가, 어떻게 해야 내가 앞으로 살아갈 것인가'를 생각하게 되고, 용기, 거기서 용기를 갖고 희망을 갖고…. 그러면서 내 아이를 [추모]하고 그러면 내 아이한테 덜 미안하고, 덜 미안하면서 일도 갖게 해주고. '참 이거 좋은 일이다'라고 해서 자꾸 이렇게 보조 역할을 하고 있는 거예요.

　근데 저번 주에 그런 얘기를 들었을 때 '아우 아직도 멀었구나. 근데 나는 뭐지?' 내가 지금까지 2년 반 동안 거의 3년이 돼가는, 3주기가 다 돼가는데 나는 왜 밑에서 맨날 쓰레기나 줍고. 뭘까요, 도시락이나 갖다주고 뭐 정리나 하고. '어, 이게 뭐지?' 근데 여기 와서 이러고 있는 거예요. 맨날 뭐 하나 만들어놓고, 청소하고 커튼 만들어서 달고. 엄마들[에게] 가면 "언제 교육 있어요, 이거 받으세요, 이거 너무 좋아요", 그리고 오면은 출석 체크하고. 거기 가면 [카카오톡에] 자꾸 올려서, "'쉼과힘' 가서 어디 강사 있으니까 거기에 있지 마세요, 초보자 티 내지 마세요, 당당하세요" 이거 하고 있는데 나는 종종 '뭐 하고 있지? 다리 쩔뚝거리면서? 우리 아이가 좋아할까?' [하는 생각을 해요].

그런데 가끔가다 애 아빠가[애 아빠한테] "나는 아빠, 아무것도 몰라서 치다꺼리해 주고 있거든?" 그래서[그랬더니] "왜? 니가?"[라고 묻더라구요]. 그래서 "나는 배운 것도 짧고, 이렇게 하면 빨리 진실이 밝혀질 것 같고, 우리 추모가 빨리 될 것 같고, 우리 애들 한쪽에 모아질 것 같고…. 나는 이 중간 역할만 해주고, 내가 있어서 밀어주면 누가 돼도 상관없어. 뭐가 나중에 잘돼가지고 똑똑한 엄마, 아빠들이 앞장서서 하고 나는 이것을 한다고 생각했는데, 이게 참… 왜 내가 이런 마음이 들까?" 그랬더니 애 아빠가 "너는 평범하지가 않아, 내가 볼 땐" 딱 그러더라고요. "왜? 내가 치다꺼리만 하고 있는데?" 그러니까 "너는 요주의 인물이야" 애 아빠가 그랬어요. "왜?" 그랬더니 "너는 숨어서 조종을 하고 있잖아. 그런데 호성이가 참 좋아할 거야. 옛날에 호성이 보내기 전에 살았던 너의 모습하고 너무 틀리니까. 나는 그걸 보고 어쩔 때는 너가 좀 아파 잠잘 때 끙끙거리고 뭐 했을 때, 그만했으면 좋겠다는 솔직히 그런 마음도 든다. 차라리 아이를 위해서면 어디 가서 진짜 조그만 가게 하나 해놓고 리본 옆에다 해놓고 알려도 된다, 알리미를 그렇게 하려면. 가족협의회에서 소식지 갖다가 전해주고 알리미도 충분히 할 수 있는데, 어쩔 때는 그렇게 할까라고 생각을 했지만 너가 이런 일이 일어나기 전하고 생활이 너무 180도가, 행동이 틀려[달라]지기 때문에 감히 내가 말을 못 한다"라고, 가끔가다 그런 얘기를 해줘요. 그래서 "너는 평범하지가 않아". 애 아빠가 "너는 평범하지가 않아" [하니까] 애 아빠한테 힘을 받아서 "그래?" [하고 위안을 얻죠].

그럼 내가 어쩔 때 엄마들 보면 수놓는 거 보면 너무 이쁜 거예요. '그럼 나는 뭐 하고 있지? 저 엄마들은 계발을 자꾸 시켜주면서, 나는 미친 아줌마처럼, 머리 덥수룩해 가지고 왜 이렇게 돌아다니고 있는 거야?' 엄마들은 어디 가서 팔고 전시하는데 "아우, 너무 이쁘다" 달란 말도 못 하는 거예요, 저거 힘든 거 아니까. 근데 가끔가다가 열심히 하다가도 그런 게 푹푹 나와요. '나는 뭐야?' 그런데 이 엄마들이 몇 년 후에, 2, 3년 후에 자기 일을 갖고 밖에 나가서, 내 목표가 항상 엄마들한테 그랬거든요. "열심히 해서 자격증 따서 우리 초등학교, 중학교, 고등학교까지, 고등학교는 없지만 방과 후에 들어가서 선생님 해라, 나는 그게 목표다. 우리 엄마들이 그렇게 했으면 좋겠다. 자신감을 가지고 살자". 그런데 '나는 뭐지?'

면담자   그러니까 어머님은 광화문이나 4·16연대랑 같이하는 엄마들하고도 다르고, 자기 계발을 하거나 모여서 이렇게 하시는 어머니랑도 다르고, 사이에 꼈다고 느끼시나요?

호성 엄마   네, 네. 그런 역할만 해주고 있는 거예요. '나는 뭐지?' 그라고 추모회의 가면은 이렇게 깔아놓고는 추모회의 가고, 지금 그런 거예요. 그런데 애 아빠가 "너는 잘하고 있어. 니가 요주의 인물이야. 국가에서 보면 너 잡아갈걸? 내가 돈 줄게. 감옥에 가면 뭐 맛난 거 사 먹으라고 돈도 줄 테니까 안심해" 그러는데.

면담자   대신 들어가신다는 얘기는 안 하시네요.

호성 엄마   전혀요. 그래서 "그 정도까지만 싸워도 괜찮겠다". 그러니까 애 아빠 농담으로 "그래? 감옥에 갈라면 어느 정도 싸워야 되는데? 그 정도 싸우면 영광이지. 우리 아들이 박수칠걸" 그런 농담을 하는데요. 그런 식으로 지금 보내고 있어요. 그런데 하면서도 사람인지라 예쁜 거 보면 이쁘고 '나도 저거 편하게 앉아서, 한 번은 하루 정도는 완성을 할 때까지 해보고 싶다', 그런 게 있는데 이게 엉덩이가 가만있질 않아요. 머릿속에 [생각]하고 있다가 보이면 거기 가서 얘기하고, 전화 연락할 때 있으면 전화해 가지고 "우리 엄마들 특강을 할 수 있어요. 특강 꼭 초대해 주시고 시민분들 모이게 해주세요" 자꾸 그러고 다니는 거예요.

면담자   그럼 어머님은 추모분과 일 하시고, 공방에서는 어머님들을 다른 곳과 연결해 주는 일도 하시나요?

호성 엄마   네, 네. 공방에서는 총무를 맡고 있어요. 그래서 그 역할을 그게 어떻게 하다 보니까, 나 같은 경우에는, 이게 '공동체'라 그러더라고요. 나도 공동체인지도 모르고 그냥 마음속에는 '공동체는 너무 빨라. 공동체는 너무 빠른데, 인양이 되고 나서는 급속도로 달라질 거니까 준비는 하고 있어야지' 하면서도 마음속에는 억제를 하고 있어요.

억제를 하면서 조심스럽게 '천천히 가자. 모든 게 되지 않으니까' 그러는데 밖에 나가보면 나도 모르게 "우리 엄마들 너무 소질이 좋다. 자격증만 없을 뿐이지 가르치는 것도 봤는데 너무 친절하다. 친절 빼놓으면 세월호 엄마 아니다. 이게 일대일도 꼼꼼하게 가르쳐주니까 이 엄마들을 조금 써달라. 그런데 시민들이 와야 된다. 평범한 시민들이 와서 같이했으면 좋겠다"라고 했는데. 그게 어떻게 경기도에서 그 사업을 따가서 '이웃'과 같이 강사를 나가고 있어요. 강사를 나가고 두 번째, 거의 끝났네요. 6개월 동안 해가지고 두 번 남았거든요. 근데 그것을 보면서 엄마들한테 '야, 엄마들이 이렇게 하면 좋겠구나'. 분향소에 공방에만 갇혀 있지 않고 새로운 얼굴을 보게 된 거예요. 웃어가면서 뭔가를 가르칠라 하고, 뭔가를 공부를 하게 하고 남을 가르친다는 게 그렇잖아요. 인터넷을 보고 다른 자꾸 연구를, 예쁜 게 뭐가 있나 찾게 하고 그런 엄마를 봤을 때 "진짜 이거 괜찮다. [그런데] 왜 우리 가족이 이렇게 [움츠레] 살아야 되지?" 그럼 동네 분들을 만나면 그러죠, "우리도 분향소만 있지 않고 밖에 나가서 주민분들과 이 동네에서 같이 살고 싶으니까 이런 기회를 좀 달라", 자꾸 그러죠. 한쪽에서는 엄마들은 새로운 일을, 우리 애들을 알리고 새로운 주민들을 만나서 내가 내 이 일을 포기하고 직장으로 돌아가는 미안한 마음이 없어지는 게 목적이고요. 그다음에 이게 점점점 경력을 쌓다 보면 자기의 직업이 될 수도 있고요. 그리고 동네 분들하고 편안하게, 자연스럽게 만나는 계기가 되지 않을까. 그래서 제가 중간 역할을 하고 있어요.

3
공동체 활동: 법회 모임과 안산 활동에 관하여

면담자 불자들 모임, 법회를 처음 하자고 하셨던 시기가 언제쯤인가요? (호성 엄마 : 시기가…) 도언 어머님이랑 같이하셨다는 거죠?

호성 엄마 네, 네, 시기가 지금 [20]16년도니까 1년이 약간, 10월 달인가요? (면담자 : 작년이요?) 그러면 한 8개월 한 거 같네요. 〈비공개〉

면담자　　　　유가족 어머님, 아버님 중 불자가 어느 정도 되나요?

호성 엄마　　그니까 저하고 호성 아빠랑. 그다음에 그래도 불자가 꽤 많은 걸로 알고 있는데요. 그분들은 활동을 안 하고, 지금 활동하시는 불자분들이 조금 쎄신 분들이야.

면담자　　　　다 서울에 가 계시고 이런 분들이시군요.

호성 엄마　　네. 그리고 영석이 엄마, 그리고 재강이 엄마, 도언 엄마, 상준이 엄마. 그러다 보니까 무슨 일만 있으면 그쪽으로, '그게[전국적인 활동이] 먼저다'라고 생각을 하신 거죠. 그런데 스님 같으신 분들은, '이분[유가족 불자]들이 그만하고 마음을 다스려야, 다스려야 될 텐데'[라는] 그게 목적인 거고요. 저희 같은 경우에는 무슨 일 있으면 '그게 먼저다, 우선이다'라고 생각을 했던 거죠.

면담자　　　　지금 돌아보면 1주기나, 혹은 그 이전에 안산에서 집회나 추모행사를 해야 했다는 후회가 있으신지요?

호성 엄마　　조금. 후회보다는 돌아다니다가 저 같은 경우는 밖으로, 그 마음속에 '이게 이게 아닌데' 하면서도 밖으로, 한쪽 마음에서는 기대감이 있었나 봐요. 여기의 많은 아이들이 희생됐기 때문에, 친정 같은 그런 느낌이죠. '돌다가 오면 맞아주겠지'라는 그런 반쪽의 기대감도 있었어요. 근데 말을 들어봤을 때는 매스컴에서 나온 얘기를 다 여기서[안산에서] 하고 있더라, 그것도 2014년 11월 달에. "똑같은, 천안함 때도", "천안함보다 더 받으면 안 된다", "수학여행 가다 다쳤는데 왜 그러느냐" 그리고 하물며 "여기가 다 이사를, 보상을 받고 이사를 간다 하더라. 한 부모" 그런 얘기까지 다 들먹거렸어요.

그러니까 매스컴에서 얘기하는 것을 똑같이 [이야기하는 것을] 봤을 때, 내가 돌아다니다가 순간적으로 '어? 이게 이게 이 국가가 안산에서부터 이게 작업이 들어갔나?' 그런 느낌이[을] 받을 정도로. '왜 이 정도지? 이분들이 내가 알던 분들이 이렇게 매정하고 냉정한 분들이 아니었는데. 왜 이 말을 먼저 하지?' 아침에 애들이 교복 입고 등교하고, 저녁이면 애들이 교복 입고 오는데, 그 [안산올림픽기념관] 그쪽에 보면 애들이 차 탈라고 바글바글 하거든요. '그런데 이 어른들이라는 사람들이 왜 이런 말부터 할까' 했을 때 '이게 도대체 뭐지?'라는 생각에 벙찐 거죠. 오히려 주민분이 '야, 이거 진짜 왜 이러냐'라고 말을 했어야 되는데, 그런 말을 했을 때 '야 이거 국가에서, 하물며 나도 반장을 했었지만 먼저 이런 말이 돌지 않았나. 안산에서부터 이게 돌았구나'라는 생각에, '아뿔싸'라는 생각, 아차 떠올랐어요.

　　그러고 나서 재건축이 들어가기 시작했어요. 저희 집이 그래도 재건축 조합원이 생긴 지가 7년이 됐는데, 7년이면 엄청 빠른 거거든요. 근데 "이사를 가라"고 그러더라고요, 그 와중에. 도시를 그 주위를 다 바꿀 계획인 거예요. 그래서 '재건축에 접어들었구나', 재건축에 접어들었고. 그다음에 이쪽으로 이사를 왔더니 이쪽에 원래가 여기 초지동이 재건축이 되고, 여기 시민시장 쪽이 재건축이 되고 [그다음이] 우리 쪽인데, 우리 쪽이 급속도로 빨라졌고. 중앙동이 되고 계속 재건축이 됐을 때, 안산 우리 가족협의회에 와서 "이건 큰 문제가 있을 거다". 도시를 바꿀라 하고 [추모공원을] 우리가 원하는 데에, 그때는 정확하게 부지를, 부모들끼리만 여기를 화랑유원지를 부지로 [생각]했었죠. "그런데 여기가 부지가 힘들 것 같으면 우리도 제2차 부지를 생각을 하고 해야 된다. 무조건 여기만 고집했다가 그들이 원하는 거, 제1기들이 만약에 결정해 놨던 꽃빛공원이라도 설치를 해주면서 그쪽으로 딱 지정을 해주고 '받아라' 하면 어떡할 거냐".

난 그래서 학교 앞에도 그게 불안했어요. "학교 앞에도 시민교육관을 지어주고, 왜 가족이 여기저기, 우리는 한군데 우리 아이들이, 우리 아이들 데려올 따뜻한 곳 한군데만 있으면 되는데. 시민 공간 만들고, 여기 만들고. 국민들은 '돈이 없다', '경제가 안 좋다'고 하는데 왜 건물만 만드냐, 이것도 진짜 문제다. 거기 건물 하나 해주고, 거기에다가 기록물이라든지 다 해주고. 아이들은 어느 정도 꽃빛공원이 거리상으로 멀지 않으니까, 그쪽에 해줘버린다면 결정 나가지고 '여기 받아라' 하면 부모들이 '안 받겠다' 하면, 시간이 점점 흘러가고 내가 죽을 때까지, 내 죽고 나서 아이들은 거기다가 하늘공원에 놔둬야 되지 않느냐. 그니까 뭔가가 욕심을 하지 말고 오히려 교육청이나 이 땅을 주면 국대위[국가비상대책국민위원회]나 안산시나 힘을 합쳐가지고 어디 아담하게, 우리 큰 거 원하지 않고, 아담하게 우리 아이들을 진짜 데려올 수 있는 그런 공간, 진짜 이게 잊혀지지 않고 교육에, 대한민국의 현실에 교육관으로 안전 교육으로 생명을 이렇게 하찮게 생각하는[생각하지 않는] 그런 교육관을 만들어야 되지 않느냐"라고 얘기를 했는데….

이게 위에서 생각하는, 돌아다니는, 높은 분들을 만나고 돌아다니시는 분들은 틀린가 봐요. 그래서 자꾸 이렇게 얘기하면 '이 엄마는 와서 무슨 엉뚱한 소리 해' 자꾸 이렇게 비춰지니까, 그래도 지금은 "나는 엉뚱한 사람이야" 하고 돌아다녀요.

면담자　　　어머님과 비슷한 생각을 하는 부모님들도 계시나요?

호성 엄마　　지금은 각자가 부모들이 시간이, 이런 말까지 해야 되
나요? 참 많이 숨겨놨는데.

면담자　　　어머님 혼자 하고 계시는 건가요?

호성 엄마　　아니, 그게 아니라 지금은 시간이 지나니까, 처음에는
참 대한민국에 국민들, 우리 어른들을 욕했답니다, 이렇게 만들어놓
은. 내 가족밖에 모르고, 나부터가요. 내 가족밖에 모르고 "내 거야,
내 자식이야, 내 남편이야" 이렇게 하고. 세상 이렇게 돌아가는지도
모르는, 이렇게 무능력함에 아무것도 몰랐던, 이렇게 미련했었냐는,
내 자신한테. 해서 '나처럼 똑같이 살겠지. 우리 시대에 엄마, 아빠들
은 똑같이 살겠지'. 그래서 '이 엄마, 아빠가 바뀌어야 된다'고 생각했
는데.

　　지금은 한편으로는 욕을 하다가도 "우리 국민성이 문제지" 그러다
가도, 한편으로 보면은 "자식 잃은 부모가 왜 저러고 있어" 다시 돌아
오는 거죠. 항상 얘기하다 "아 나도 이런데". 욕하다가 "야, 너부터, 너
자신부터 생각해 봐" 이러듯이. 지금도 얘기하다 보면 '자식이 저렇게
비참하게 갔는데, 구해줄 줄 알고 구해줄 줄 알고 그러고 있다가, 기
다리고 있다가 믿고 있다가 비참하게 갔는데. 왜 자식이 비참하게 갔
는데 저 부모들은 왜 저런 거야. 부모를 욕해야지, 자식을 잃은 부모
들이[부모들을] 욕해야지. 시민들은 그걸 느끼지도 못한, 마음 아파하
고 시간만 지나면 그 마음이 점점점 흘러가는데, 우리부터가 점점점
점 흐려지고 이게 내 일인지 남의 일인지도 모르니까[모르는 것처럼]

살고 있지 않는가'. 너무 앞에서 무력감에도[무력감 얘기도] 있었지만, 어쨌든 그런 생각이 드는 거예요. 나부터가 '그때 그 시간하고 똑같은 거니? 니가 니 자신부터 생각을 하고 남한테 얘기해 봐' 이렇게 [생각] 했을 때 '우리 부모부터가 저러고 있는데 어떻게 시민을, 국민을 욕을 하니'. 그런데 어쩔 땐 나만 얘기하고 있는 거 같은 느낌이 들어요.

가족협의회 회의를 가면 임원들[한테]도, 내가 가끔가다 말을 할 때가 있죠. "공무원이니?" 임원만 되면 반(半)공무원이야. "우리는 엄마, 아빠야. 말이 안 돼도. 이게 서류상으로도 법적으로도 말이 안 돼도 엄마니까 얘기할 수 있는 거야, 엄마니까. 우리가 서류를, 법을 어떻게 알아. [그래도] 엄마니까 이런 얘기 하는 거야. 뭘 이걸 얘기하면 무식할까 봐[무식하게 비칠까 봐] 얘기 안 하고, 옆에 사람들 공무원들 보면 [우리가] 무식할 거야[라고] 얘기하고 입 다물지 말고. 우리는 엄마야. 내 자식이 왜 갔는지 알고 싶다는데, 왜 그런 말도 못 하고 고개만 끄덕끄덕거리고 반공무원이 돼가지고 있느냐"라고 얘기하는데 안 먹혀요. 그냥 회의장에 쓸데없이 와가지고 떠드는 엄마가 가끔 되어 있을 때는 너무 속상해서 이럴 때는 '애 데리고 갈까?' 그런 생각도 들어요. 〈비공개〉

자꾸 애 사진을 보고 자꾸 물어보고 "엄마가 어떻게 했으면 좋겠니? 뭐 했으면 좋겠니? 엄마 이렇게 다니는 것도 우리 아들 속상하지 않지? 근데 엄마는 괜찮아. '엄마 아플까 봐 엄마 몸 아플까 봐 마음 아플까 봐 그만 다녔으면 좋겠어', 너는 억울해도 그런 생각은 하지 마. 엄마는 괜찮으니까. 엄마 괜찮아" 그라고 빠이빠이 하고 오는 데…. 가족들한테 자꾸 시간이 흐를수록 자기의 아집도 보이고 자기의 성격도 보이고. 자기가 앞으로 무엇을 할 것인가도 얘기를 한 부모도 있어요. 그랬을 때는 '그래도 같이 가야 되니까, 억울하다고 나 혼자는 밖에 뛰쳐나가서 유골함을 가지고 싸울 수가 없으니까. 그 정도로 나는 똑똑한 엄마가 아니니까. 이 사람들이 그래도 뭔가는 하겠지. 똑똑한 엄마들 뒷바라지는 해야 되겠다'라는 그런 마음을 자꾸 가다듬고 있죠. '우리는 뭉쳐야지 이 일을 해결해 줄 수 있으니까' 자꾸 그런 마음을 갖는데 은연중에 그런 걸[반공무원 같은 모습이] 자꾸 비춰진다는 거죠.

면담자　　　　어머님같이 생각하시는 분들도 계시고, 아니면 공방 일은 그래도 한다는 분도 계시고, 아이들 이야기하고 지내는 분들도 계시고, 그렇지 않고 저쪽에 임원으로 활동하는 분들도 계시는데. 어머님처럼 이렇게 중간에서, 임원은 아니고, 그 마음을 버리지 않으면서, 아이들을 생각하면서 다른 것을 해야 된다고 생각하는 어머님은 또 없으세요?

호성 엄마　　　　저가 느끼기에는 우리 예은이 엄마라고 생각해요. 지금은 나는 추모 일하면서 공방 일을 하고, 예은이 엄마 같은 경우에는 기독교 쪽이니까 작은도서관 그쪽 하고, 자꾸 뒤에서 많이 하고 있죠. 교회 분들, 목사님들 연대해서, 앞에 나서지는 않고. '엄마공방', '아빠공방', '식당'이고 후원을 기독교에서 계속 대주고 있는 상태죠. 그렇기 때문에 지금은 선뜻 이 엄마들하고 하다 보니까 아빠들은 서로 무시를 해버리는데, 엄마들은 보이지 않는 이게 있어요. 보이지 않는, 조금 잘 삐진다든가 그렇게 하고 있는데…. 초창기부터 그런 믿음이 있어서 그런가, 안산에[서 활동하는 것의] 그런 중요성도 알고 같이해서. 그러나 묵묵하게 뒤에.

근데 생각이 조금 틀릴 거라는 것은[생각은] 가지고 있어요. 그 엄마는 우리 아이들의 명예 회복이라든가 진상 규명이 먼저라고 생각하고요, 내 생각에 그래요. 그리고 저는 우리 아이들을, 여러 곳에 흩어져 있는 아이들을 한곳에 모아놓는 게 먼저라고 생각하는 엄마예요. '저렇게 놔둘 수가 없다. 그것을 하고, 많은 사람들이 찾아올 수 있는 그 장소에 이 참사가 다시는 발생하지 않게 그런 교육 같은 것도 필요하고, 그걸 같이하면서 진상 규명 진행이 돼야 된다'고 생각하는데….

다른 분들은 그렇죠. 진상 규명을, '추모관을 지어버리면 이건 더 싸울 수가 없다'라고 생각하시는 분도 있겠지만…. 저 같은 경우에는 '많은, 위치 좋은 데다 많은 사람들[이 오게] 해서 대한민국에 이런 참사가 일어나지 않게 [하는] 그런 교육도 필요하다'고 생각하고…. 그러면서 어떻게 하면 이것이 안전한, 그런 어느 정도의 부모들이 붕 떠 있는 상태에서, 아이들도 이곳[에]도 아무것도 안 온 상태에서 진상 규명으로서, 밖으로 해서[돌아다니면서] 지쳐버리지 않고, 그 지쳐버리지 않는, 조금이라도 이게[기력이] 남아 있을 때 우리 아이들부터 데리고 오고, 거기에서 재단이 설립이 되고, 진상 규명은 계속 꾸준한 끝까지의 싸움이고…. '우리가 아니면 대대에, 그것이 기록이고 뭐고 다 남겨져 가지고 우리 후세에 아이들이, 우리 그 생존자 아이들이라도 이어서 그것을 밝혀줘야 된다'고 생각하는 사람 중에 한 사람이거든요.

이거 진상 규명한다고 밖으로, 진짜 그것이 목표예요. 끝은 [진상 규명이] 목푠데 지금의 시작점은 뭔가가 틀리죠. 지금의 시작점이 틀리지만…. 그것이 조금 틀릴 거라고 생각을 해요, 그것이 틀릴 거라고

호성 엄마 정부자

생각하는데. 나는 내 마음속에는 이것은 끝까지 밝혀져야 되고, 그들에게 용서를, 우리 아이들에게 진심으로 무릎 꿇고, 대한민국에 그 일을 하는 책임자로서 그것을 지켜주지, 아이들을 지켜주지 못하는 거에 대해서 아이들한테 용서를 빌어야 된다고 생각을 해요. 그게 진짜로 명예 회복이지, 뭐 하나 딱 만들어주고 "너네들 이거 해줬잖아" [한다고 해서] 그것이 명예 회복이 아니에요. 진심으로 사과해야, 진심으로 사과를, 우리가 어느 정도 이 병이 조금은 가실 수 있을 정도의 진심의 사과가 필요한 거지. 저렇게 인정도 안 해주고 하나 탁 집어 던져주고, 이것은 아니라는 거죠. 그게 예은이 엄마하고의, 내가 생각하기에는 그게 차이점이 아닐까 싶어요.

근데 나는 제일 우리 성빈 엄마도 있지만, 그게 믿는, 예은이 엄마를 나도 모르게 마음속에 항상 믿고 있는 것 같아요. 그리고 성빈이 어머님은 웬만한 아빠들보다 더 앞서 가는 사람이에요.

면담자　성빈 어머님이요?

호성 엄마　네, 네, 추모분과장. 그래서 앞서가는 사람이고 '저 사람 옆에서 이걸 많이 도와주면 빨리빨리 진행이 되겠구나' 하죠.

면담자　지금 추모분과에 성빈 어머님이랑 어머님 말고 누가 참여하고 계시나요?

호성 엄마　영석이 아빠, 그리고 일반인 누구 있을까요. 일반인, 처제가 돌아가셨다는데 갑자기 이름이 생각이 안 나네요, 그분도 있고. 아빠들은 많이 있는데, 거의 주로 세 명이 활동을 많이 하고. 또 우리 교수님, 박사님 중에서 자문으로 들어와서 계시고. 우리 기억저장소에 김익한 교수님도 들어와 계시고. 그런 활동을, 제가 모르는 얘기를 이렇게 많이, 그분들로 인해서 많이 배우죠. 많이 도와주고 추모 쪽에서는 많이 든든해요.

4
공동체 활동: 상담 및 힐링 프로그램 그리고 생존자에 관하여

면담자   혹시 '이웃'이나 온마음센터 프로그램에 참여하신 적이 있으신가요?

호성 엄마   '이웃'은, 초창기에는 이웃에 조금. 이웃에 제일 불만이, 두 번 가봤던 거 같아요. 박사님하고도 (면담자 : 정혜신 박사님) 네, 알고. 이렇게 하는데 이게 마음속에, 초창기에는 마음속에 애한테 미안하고, 뭔가 거기 가면 힐링을 해야 될 것 같은 그런 마음이 들어서 애한테 미안했었고. 그래도 두 번인가를 순범 엄마가 "실을 타야 된다"고, "니가 가서 실을 준다[받아야 된다]"고 그래서 가봤더니….

면담자   실이요?

호성 엄마   실, 실, 뜨개실. 뜨개를 거기서 배우고, 엄마들이 뜨개를 많이 해요. 가방도 하는데, 밥상을 차려서 딱 주더라고요. 근데 내 생각에는 '이게 뭐지?'

면담자   한 사람씩 개인 독상을 주잖아요.

호성 엄마   네, 네. 일일이 독상을 주길래, 그 순간 딱 받고 그런 대접을 받아본 적이 없거든요. 그런데 박사님의 생각은 그렇지만, 나는 싫었어요. '왜 부모들을 앉혀놓고 뜨개질하고, 앉혀놓고 밥상 차려놓고 과일 깎아주고, 이게 뭐지? 이 부모들이 아이를 보내놓고, 자기 스스론가 뭐를 해야 되는데, 왜 무력감에 자꾸 빠지게, 아무것도 못 하게 만들어주는 거다'라는 그런 생각이 들었어요. 저는 '이렇게 하면 안 될 텐데, 왜 이런 식으로…, 이거 뭐 하는 거야?'라는 불신이 생긴 거예요. 〈비공개〉 애한테 미안한 마음도 있지만, 밥상을 가지고 왔을 때 되게 불편하고 그것을 받아먹고 있는 엄마들도. '자식을 보낸 엄마가 왜 저러고 있는 거야. 뭐 거석하다고[잘했다고] 니가 밥상을 받아먹고 있어'라는 그런 마음이 좀 생겼던 거 같애요. 그래서 안 가게 됐죠. 〈비공개〉

거기도 박사님의 문제가 아니라, 우리 부모님들의 사고방식이라고 생각을 했어요. 근데 그게 내가 다른 부모들보다 뭐랄까요, 아픔이 덜한 건지 생각이 앞서간 건지를 모르지만, 그분들도 아픈데 '나하고 똑같이 행동해 줬으면 좋겠다'는 생각이 든 거예요. '왜 밥상을 받아먹고 있어, 언제 밥상을 받아먹었다고. 같이 일어나 가지고 설거지도 하고 좀 갖다주고 하면 되지, 거기 멍하게 앉아가지고 왜 저런 것을 받아먹고 있냐'라는 거에 되게 조금 짜증이 났던 거 같애요. 그리고 '저렇게 앉아 있다가는 평생을 아무것도 못 할 텐데? 자식 보내놓고 우리는 살아야 될 텐데, 진짜로 혼자서 자살할 수도 없는 거고, 살아야 할 텐데 왜 저 부모들을 저렇게 만들까?'라는 그런 원망도 들었었고. 한 번은 그 엄마들을 어떻게 해서라도 여기랑 연대를 [맺게] 하고 싶었어요, 공방이랑 어디에. 그래서 예은이 엄마가 가서 얘기를 했는데 "안산에 우리가 이렇게 해서 알리고 간담회도 가고 알리고 다닐 것이다"
그랬더니 박사님께서 하신 말씀이 "왜 엄마들을 동네에 그렇게 하느
냐?"라고 자기는 "반대"라고 얘기를 하더래요.

면담자   어머님들이 공방에서 뭔가 활동하는 거를요?

호성 엄마   아니 아니. 안산에서 간담회를 하고 동네 분들을 만나
러 다니는 걸. 그거는 뭔가를 더 아프신 분들이 거기 가니까, 그런 걸
알겠죠. 알아서 그런 건지 모르지만…. 그래서 예은이 엄마가 박사님
만나고 나니까 "안산에 왜 그렇게 알리고 돌아다니냐"고 그런 말을 했
다고, "그래서 실망"이라고 그런 식으로 표정이 약간 그래 가면서 얘
기를 하더라고. 그래서 "그래? 그럼 그분은 언제까지 우리 부모들을
밥상 차려줘 가면서 그렇게 가지고 있을 건데?" 내가 그랬어요. "언제
까지, 그러면 1년 주고 2년 되고 언제까지 밥상을, 지금도 밥상을 갖
다가 앞에 대령하나? 그럼 엄마들이 가만있다가 남편은 직장 다니고
가만있고, 아빠들은 가끔가다 점심 때 되면 거기 가서 밥상 차려 먹
고, 언제까지 가족이 그라고 있을 건데? 박사님도 사람이야. 박사님
도 사람인데 저런 거 보면 진짜 힘들어서 아픈 사람도 있지만, 그렇지
않은 사람도 보상받고 그런 사람도 거기 가서 그라고 있을 거 아니야.
'그것이 내 자식의 권리이니까, 이것은 내 자식의 몫이니까 그걸 내가
찾아먹어야지' [하는] 그런 사고방식이 아니고 바뀔 수는 없나?" 내가
예은 엄마한테 자꾸 그러니까 예은 엄마도 안타깝다는 표정으로 지었
던 거 같애. 그런 대화를 했었거든요.

지금도 마찬가지예요, 그래서 저번에 특조위 실태 조사라는 것을,
무슨 그런 거 있었잖아요. 거기서 모 실장이 와가지고 하는 소리가

"우리는 여기에서 열심히 해서 부모들을 바깥으로 내보내는 역할을 하고 있다"는 말을 했었어요. 그때 사회로 보내는 역할 그런 말을 했을 때, 그때 장동원 [생존자] 대표가 그런 말을, 일어나서 [반론을] 했었 잖아요. 그러니까 밖에서 봤을 때는 이분이[모 실장이] 이름을 걸고 뭔가를 잘하고, 안산에서 자기가 주도적으로 세월호 유가족들을 거의 다 이렇게 해서 사회에 나가게 하는 그런 큰 역할을 한다고 생각을 하는데, 실질적으로는 이게 여기서는 갇혀 있거든요, 여기서는 그냥 자기 품 안에, 어디를 못 나가게 하는 그런 느낌을 자꾸 받는 거예요. 무조건 여기 '이웃'에 와서 밥 차려주고 뜨개질하고 그거 가지고 전시회 하고 이런 식으로 했을 때, 이거 완전히 패가 나눠져 버리는 그런 상황인 거죠. 〈비공개〉

그래서 그때 일어나서 소리를 쳤어요. "뭐가 먼저냐. 이런 책자[특조위 보고서]를 냈는데 근본적으로 바뀐 게 뭐가 있냐. 근본적으로 바뀐 게 뭐가 있고 특조위가 끝날 마당에 책자 하나 내면 뭐 하는 거냐".

그리고 지금 현실에는 아이들이 어떻게 지금 되어 있고, 특히 생존자 아이들은 우리는 걱정이 돼요. 우리가 지금 너무 우리 일도 아무것도 해결이 안 돼 있기 때문에 그렇지만[걱정만 하고 있지만], 어떻게 봤을 때, 호성이 아빠하고 그런 얘기도 해요. "생존자 아이들처럼, 우리 아이 호성이 성향을 봤을 때 그 힘든 곳에서 살아남은 건, 진짜 저 아이가 어떻게 될 것인가. 지금은 부모들이, 어른들도 막고, 사회에 돌아가는 것 때문에 자기가 참고 있지만, 점점점 먼 훗날에는 이게 어마무시 상처가 되고 트라우마가 생길 거다. 그리고 호성이가 만약에 살아왔으면 쟤는 미쳐서 돌아다닐 거다. 그 상황을 봤을 때 이렇게,

국가가 이렇게 돌아가는 거 보고 우리는 실제로 봤는데, 이게 아닌데 국가와 사회가 돌아가는 거 보고서는, 애가 이걸 보고는 미치고 [말 것 같고], 어떻게 부모들을 이 대한민국의 어른들을 믿겠냐, 그거이 바로 불신인 거 아니냐".

그 아이들 진짜 나중에라도 치료를 받게 해주고, 끊임없이 한 선생한테, 이 선생한테 저 선생한테 계속 [주치의를 변경]하지 말고, 그 비밀리에 계속 치료를 받게 해주고 그 아이들의 보장성이라든가 무슨 해줘야지, 그냥 뭐 하나 틱 던져주고 이거 매스컴에만 나오는 그런 형식적인 게 아니라. 그때 너무 화가 나고 '왜 이런 건가'라는, 우리나라는 똑같더라고요. '무조건 책자 하나 내주고, 논문 하나 쓰고 땡이다'라는 생각이 들어서 그 아이들이 지금 문제인 거죠, 우리 부모들보다. 우리 부모들은 나이 먹으면 죽으면 그뿐이에요. 자식을 잃었는데 어떻게 마음이 몸이 건강하겠어요. 그냥 나이 먹으면 그뿐이지만, 걔네들은 더 오래 살아야 되는 아이들인데 그게 자꾸 생각이 나고, 자꾸 [생각]할 거다. 진짜 솔직히 말해서 나는 그 친구들이 참 걱정이에요. 근데 전혀 그런 게 안 되어 있어요, 지금은. 안산에서뿐만 아니라 온마음센터에서도 전혀 그런 게 되어 있지 않고, 그냥 오는 사람 맞이하고 그런 식으로 되어 있는 거죠. 그래서 '이웃'도 지금 그 상태고, 지금은.

면담자   생존 학생들 프로그램은 계속 '온마음센터'랑 '이웃'에서 하고 있는 건가요?

호성 엄마   조금씩은 하고 있다고는 해요. 하고 있다고 하는데 아이들이, 부모들이 참석 못 하게 하는 부모들도 있고, 아이들이 참석

안 하는 부분도 있고. 이번에는 군대, 올해 아니면, 올해부터 내년 초부터는 군대 그것[소집영장]도 나올 텐데, 왜 그 아이들을 굳이 군대를 그렇게 보내야 되는 건지. 아니면 매스컴에 내보내지 않고도 그 정도는 국가에서 당연히 그렇게 보호를 해주면 될 텐데, 그런 것도 무조건 하나 하면은 터뜨려 가지고 애들을 더 꼼짝달싹 못 하게 하는 것도 오히려 사회에 그게 큰 문제가 될 거예요. 그 아이들을 진짜 따뜻하게 감싸 안아야 돼요, 진짜로. 이 부모야 자식 일인데 이렇게 살다가 가면 그뿐이지만 진짜로 [중요한 건] 그 아이들이에요, 그 아이들. 근데 너무나 이 국가는 참 대한민국 국민이고, 국민, 어른들도 아니고 아이들을, 우리가 보호해야 될 애들을 갖다가 저렇게 방치해 놓는다라는 게 참….

면담자   생존 학생 이야기가 나왔는데, 특히 작년 같은 경우는 여러 가지 면에서 생존 학생 부모와 갈등 국면이 있었어요. 생존 학생 부모님들에 대해 어떤 생각을 하게 되셨는지요?

호성 엄마   저는 그분들한테는 섭섭함은 없는 거 같애요. 다른 부모들이, 우리 엄마들이 보면 욕을 할지는 모르지만, 저도 내 자식이 살아왔으면 그럴 거 같애요. '어땠을까'라고 생각했으면, 애가 더 이상은 기억하지 않게 어디로 데리고 떠났을 거 같애요, 데리고 떠났을 것 같고. 우리 반 애 거의 한 두 명을 만났어요. 만났는데, "만나서 밥 한 끼 하자" 그랬더니, 진짜 엄마하고 얘기를 했었는데, 1학년 때 같은 반이고 그래서 밥 한 끼 해서 "엄마들끼리 밥 한 끼 하자" 그랬는데 따라 나왔더라고요. 근데 "괜찮니?" 그랬더니 계속 웃고만 있어서 "괜찮아요" 그라고 웃고만 있어서…. 우리 A이라는 친구를 볼 때도 마음이

짠했어요, 어딘가 모르게.

면담자   아이도 같이 나왔어요?

호성 엄마   네, 같이 나와서 대화도 하고. 그런 얘기는 더 이상 묻지는 않았지만 "그냥 당당하게 살아" 그래서[그랬더니] "네, 네, 잘 지내고 있어요"[라고 대답하더라구요]. 그리고 저희 학교 앞에, 저희가 고잔초등학교 뒤쪽 연립에서 살았기 때문에, 그쪽에 우리 친구들을 봤어요. 봤을 때 모여 다녀요, 애들이. 한 다섯, 여섯 명이 모여 다니면서…. 처음에는 "저게 뭐야" 그랬더니, 한 애를 딱 보니까 호성이 친군 거예요, 우리 동네 아이예요. 근데 걔들이 하염없이 모여 다니고…. 〈비공개〉 무데기로 모여 다녀요. 그래서 그 부모들한테 물어보니까 지금 안산 생존자 B라는, 그 집 아들내미가 비만 오면 엄마, 아빠 방에 와서 잔다는 거예요. 지금도 가끔가다 만나면 "어떻게 잘 지내요? B는?", "어디 대학 들어갔다" 그러면[그래서] "아우, 잘됐네" 그랬더니 "대학이나 졸업했으면 좋겠다" 그래서 "그렇게 할 거예요. 너무 욕심부리지 마세요. 그냥 잘했다 칭찬만 해주세요" 그랬는데….

그런 아이를 보면, 이것을 애들이 뭉쳐 다니고 뭔가가 "하하하" 웃어, 자기네끼리 뭉쳐 다니면서. 다른 사람이 봤을 때 저건 뭐라고 쟤네들이, 그냥 다른 사람이 봤을 때 쟤네 '문제아'인 거예요. 근데 내가 봤을 때는 '얼마나 어이가 없으면 저렇게 웃을까'라는 생각이 들었어요. 그냥 애들끼리 하하하하. 조그만 무슨 일 가지고, 뭐가 넘어졌잖아요. 누가 넘어져, 헛발 디뎠는데 넘어졌는데, 그걸 보고 "하하하" 웃어. 그니까 '쟤네들은 혼자이면 안 되나? 지네끼리 누군가가 뭉쳐 있어야 되나' 그런 생각이 들었어요. 이사 오기 전까지만 해도 그 애들을 많이 봤어요, 그 친구 또래를, 살아 온 아이들을. 그리고 친구 A하고 밥도 먹으면서 개도 똑같은, 진지한 면이 없고 그냥 웃어요. 다른 사람이 볼 때는 되게 밝죠. 그런데 '왜 애들이 공통적으로 그냥 웃지?' 뭘 물어봐도 웃고, 그냥 막 그냥 웃어. 그래서 그 엄마도 가끔가다 가족회의도 나오고 그러더니 지금은 서서히 가족회의[에] 안 나오더라고요. 지금은 아예 생존자분들이, 부모님들이 나오지 않고….

면담자   화물 기사분들만 계시죠?

호성 엄마   화물 기사분들도, 생존자들도 어느 정도 소송에 들어가신 분도 있는데 회의는 안 나오고, 화물 분들도 소송에 들어간 분들도 있는데 회의는 안 나와요. 가족 수도 거의 25명에서 30명 정도로 줄었으니까. 11월 달부터는 한 달에 두 번 정도만 가족회의를 하기로 했어요. 어느 정도의 활동, 소송을 다 했다고 활동을 하는 게 아니고…. 그렇기 때문에 활동하는 사람들이 여기저기 가다 보니까 바쁘다 보면 회의도 참석을 못 하게 돼서.

　　　그래서 '나 같으면 어땠을까'… 나는 그랬을 것 같아요. 자식이, 이 나라가 가만 놔두나요, 지금 상황에. 이 나라가 애가 만약에 뭐라도 올리면 애 어쩌고저쩌고 할 것이고 정상으로 안 보잖아요. 우리부터가 정상으로 안 봐요, 우리부터가. 근데 그 현장에서 살아 온 아이들을 정상으로 보겠어요? 그러면 개네들이 숨고 싶겠죠. 나는 그러니까 단원고 나왔다는 자체도 싫은 거고, 그냥 숨고 싶은 거예요, 지금 당장은. 지금은, 당장은 내가 보기에는 '싸워야지 너네들 권리도 찾을 수 있고, 나중에 이 국가에서 점점점 지금은 아니어도 점점점 싸워야만이 너네들이 받을 수 있는 것은 받을 텐데' 그 안타까움은 있지만,

지금은 돌아가는, 이 국가가 돌아가는 게 너무 이러니까 애들은 이게 싫은 거예요. 좋은 걸로 스타가 되는 게 아니라 이런 쪽에 스타는 싫은 거예요. 이런 쪽으로 스타가 돼서, 내가 정신병자가 되고, 내가 문제아가 되면 싫으니까. 그것은 100프로 나는 공감을 하고 있어요. 그래서 그 아이들이 걱정이 되고, 앞으로는 그 아이들밖에 이 일을, 우리가 우리 세대에 가고 나면 일반 시민들도 있지만, 시민들은 솔직히 말해서 공감을 못 할 것이라고 나는 생각을 해요. 자식을 잃어본 분과 안 잃어본 분과 감수성이 어느 정도 틀리겠지만.

그것은 아니라도, 그 아이들이 이것[4·16운동]을 하고 이끌어가고, 이걸 가지고 살아가야 된다고 생각해요. 이 사회에서는 그 아이들은 그 몇몇의, '76명 중에서 몇 명은 뭐라도 되겠지만 그렇지 않은 친구들은 여기에서 의지를 하고, 우리 부모들이 이렇게 해놓으면 이런 일을 하면서 살아야 된다'라고 나는 생각을 하기 때문에, '그 아이들이 잘됐으면 좋겠다. 그리고 자기 권리를 찾았으면 좋겠다'라고 생각을 하는 사람 중에 한 사람이에요. 그래야지 이 참사가 진실이 밝혀지죠.

면담자　　온마음센터 프로그램, 예컨대 마사지 같은 거라도 하시나요?

호성 엄마　　마사지받고 있어요.

면담자　　지금도 가세요?

호성 엄마　　지금도 [가요], 무슨 일 있으면 못 가다가.

면담자　　의자 마사지? (호성 엄마 : 아니요, 아니요) 직접 하시는 마사지요?

호성 엄마　　　직접 하는 거. 초창기에는 [내키지 않았는데] 그게 점점 점 몸이 아프니까 바뀌더라고요, 그래서 받고. 그분들이 온마음에서 가져와서, 엄마[공방 수업] 이것도 진행도 돌아가고…. 불신을 내 마음 속에서, '여기에서 살아남을라면 여러 사람들하고 불신을 가져서는 안 되겠구나….' 내가 좀 불신이 많더라고. 무슨 얘기를 하면, 어디를 가면 "4·16연대는 이 점은 나빠, 저 점은 나빠" 자꾸 이렇게 분리를 하게 되는 거예요. 이렇게 분리를 해가지고 이분들하고 어떻게 끝까지 같이 간다고. '너는 사람이 없잖아, 나는 진상 규명이 하고 싶고 진실을 밝히고 싶고 추모도 하고 싶은데, 우리 가족은 점점 아프다고 안 나오고 사람이 없는데'. 자꾸 우리하고 같이하는 분들하고 자꾸 불신을 가진 게 나의 문제인 거예요.

그래서 다 다녀보는 거예요. 지금 '이웃'만 안 가지, 여기저기도 다녀보고. 다른 데도 '쉼과힘'은 아직도 안 갔는데, 다녀보고 그분들 만나면 친절하게 대화도 해보고, 얘기 들어보면 공감대도 있고. 그래서 시야를 넓힐려고 내 마음속에 그런 과정을 거친 거 같애요. 그리고 사람은 만나보면 다 좋잖아요, 그분들도 자기 직업을 그만두고 온마음이 언제까지 있으리라는 보장도 없는데 여기 와서 활동을 하고 계시는 것만 해도 마음속에 '괜찮구나, 이런 분들한테 마음을 안 열고, 자꾸 온마음이 이상해, 뭐 해? 이렇게 불신을 많이 가졌구나'라는 생각이 들어서 지금은 많이 이용을 하고 있어요, 안마만.

면담자　　　상담 같은 거는 안 해보시고요?

호성 엄마　　　상담은 초창기에 상담을 했죠.

면담자   강정훈 선생님한테 하셨어요?

호성 엄마   아니요, 아니요. 초창기에 아이를, 다 일을 치르고 (면담자 : 2014년도에요?) 예, 2014년도 5월 8일 날, 5월 달 말쯤에 아마 됐을 거예요. 활동을 하면서, 밤만 되면 잠이 안 오고 애 목소리가 자꾸 들려요, 애 목소리가. "엄마 뭐 해, 엄마 뭐 해". 그러면 음식을 만들다가도 괜히 눈물이 나는 거예요. 이거 애가 좋아했었는데. "엄마 뭐 해" 그러고, 애 올 시간이 되면은 창문을 열어서 나무만 쳐다보고 있는 거예요. 자꾸 그러니까 한번은 [안산온마음센터에서 담당자, 복지사 선생님[께서] 오셔가지고 [보신 거예요]. [호성이 아빠랑] 둘이서 방에, 골방에 앉아, 나는 드러누워 있고, 애 아빠는 소주병을 들고 술을 한잔하고, 그걸 올 때마다 보니까 '이거 심각하다'고 느낀 거죠. 그래서 질문을 하니까 이래요. 내가 이것은, "어머니 상담을 받아봤으면 좋겠어요" 그래서 애 아빠는 "죽어도 안 간다" 그러고 갔는데, 한 서너 번 갔는데, 갈 때마다 선생님이 바뀌었어요. 갈 때마다 선생님이 바뀌었고, 그때는 뭐랄까요, 만사가 귀찮은데 그래도 받아보라니까.

이게 제일 무서웠던 게, 왜 갔느냐 하면, 이 죽음보다 한밤중에, 2, 3시가 되면 한밤중에 애 책상을 딱 가보면 애가 없는 거예요. '애가 어디로 갔지?' 근데 이게 이게 이 마음속에 그리움, 보고 싶은 게 너무 미치도록 이게 숨이 막힐 정도로 아프더라고요(한숨). '이 애가 어디로 갔지?' 갑자기 가만있다가 고요한 한밤중에 '애가 없네, 애가 다시는 볼 수가 없네. 애가 어디로 간 거야, 애가. 애가 왜 이렇게 보고 싶은 거야'. 그러면 그때부터 통곡을 하고 울기 시작한 거예요. 밤마다 우니까, 그러고는 울다가 신발을 신고 애 있는 곳으로 밖에 나가면 애가 있을 거 같은 거예요. 단원고로 고잔초로 한 바퀴 돌면서 미친 듯이 울고 돌아다니는 거예요. 그럼 애 아빠가 잡아다가, 여기다가 밤에 잘 때는 끈으로 묶고 잤어요. 그러면 내가 일어나면 같이 일어나고, 화장실을 가고. 어쩔 때는 내가 풀고 화장실을 가면 "어디야?"[라고 물으면서] 이름 먼저 부르면 "화장실에 있어" 이게 반복적으로 되는데, 선생님을 만나면 지금은 어떻게 되는지 그 과정을 얘기해야 되는데, 나의 어린 시절을 물어보는 거예요. "어머니는 어떻게 사셨어요?" 그럼 '이 사람이 지금 나, 무슨 나 조사 나왔어? 나는 지금 아파 죽겠는데, 갈 때마다 어머니[나의] 어린 시절을 물어보고, 나의 생활을 물어보고, 내가 그럼 어떡하라고'. 그런 걸 자꾸 물어보고, 자꾸 생각을 자꾸 하게 해서.

면담자　　선생님들이 매번? (호성 엄마 : 매번 바뀌었어요) 매번 똑같이 어린 시절부터 물어보구요?

호성 엄마　　네. 이게 보고 이렇게 연결되는데 두 번까지, 세 번 갔나 보네요. 네 번이구나. 두 번까지는 저기 어디에요? 체육관으로 안 가고, 두 번 정도는 보건소로 갔을 것 같애, 거기를 갔고. 여선생을 [만나서 상담을] 했고, 세 번째까지[부터]는 그것을[장소를] 옮긴다고 그래가지고.

면담자　　그렇죠. 거기서 체육관으로 옮겼죠.

호성 엄마　　네, 올림픽 기념관으로 옮겼는데, 그때 가는데 짐을 옮겨, 짐을 옮겼었나 봐요. 근데 나한테 이쪽으로 오라 그러더니 나중에는 장소가 안 된다고 밑의 층으로 가자 그러더라고요. 자꾸 이쪽 문을 열어보고, 저쪽 문을 열어보고 하는데. 거기가 체육관 하고 있는 공간인데 창고를[창고로] 데려갔었어요, 공간이 없어서. 창고로 데려갔는데, '이 선생님이 도대체 뭐 하는 거지? 나 같은 사람을 지금 치료를 하고 싶은 마음이 있는 거야?' 그런 열의도 보이지 않고, '내가 왜 여기 와서 이 선생한테 나의 이런 얘기를 해야 돼?' 울먹이면서 말도 안 나오는 상황인데 '왜 이런 얘기를 해야 되는 거지?' [하는 생각이 들더라구요]. 그리고 그 선생님이 일을 하다가, 지금 생각하니까 일을 하다가 [와서] 그럴지 몰라도 그때 복장이라든가 수염도 깎지도 않고 더부룩한[덥수룩한] 그거[모습]에 '내가 이 선생님한테 왜 이런 얘기를 해야 되지?'라는 생각이 들어서 그때까지 마치고 집에 가서 전화를 했죠. 전화가 왔길래 "안 받을래요. 갈 때마다 무슨 얘기 하고 어릴 때 얘기 하고, 내가 지금 어릴 때 얘기 하자는 게 아닌데, 무슨 이런 얘기를 자꾸 갈 때마다 이게[상담사가] 바뀌냐". 그래서 안 받고 밖으로 나가게 된 거예요. 밖으로 나가서 지금까지 이렇게 돌아다니고 있어요.

5

4·16 활동과 관련한 변화: 활동을 계속할 수 있었던 이유

면담자   지금까지 2차 구술에서 못 했던 질문을 했습니다. 이제 3차 구술 질문을 드릴게요. 먼저, 이렇게 2년 반 동안 계속하실 수 있었던 이유나 힘은 뭐라고 생각하세요?

호성 엄마   이것은 작년에, 우리 지금 강 선생님이 저한테 묻는 질문이었어요. 머리를 삭발을, 작년인가요? 1주기 삭발을 하고 더부룩하게 기른 상태에서 돌아다녔더니 "호성이 어머니는 뭣 때문에 그렇게 돌아다니세요?" 그랬어요.

면담자   어느 강 선생님이요?

호성 엄마   지금 온마음센터.

면담자   온마음센터 강정훈 선생님?

호성 엄마   그 선생님이 오면서 자꾸 와라[온마음센터에 오라고 그래서], 너무 "아우, 온마음에를 왜 가? 내가 움직여야 되는데" 이렇게 하다가 "호성이 엄마 없으면 아무것도 안 돼요?" 그분이 조용하면서도 한마디 툭툭 내뱉은 게, "뭣 때문에 그렇게 돌아다니세요? 머리 보셨어요?" 딱 그러는 거예요. 그래 '저 남자가 뭐야?' 이렇게 된 거죠. '의사면 의사지, 뭐야. 그럼 애 잃은 엄마가 머리가 이러면 어때, 내가 꾸미고 다니리?' 속으로 그러면서 그게 자꾸 머리에 맴돈 거예요. '선생님이 말했는데 뭔가가 문제점이 있나?' 그러면서 한번은 갔었죠. 순범 엄마랑 가서 "선생님 저 왔어요, 마사지받을라고" 그랬더니 픽 웃더라고요.

면담자   그게 언제예요?

호성 엄마   그게 언젠지도 모르겠어요, 작년인 거 같애. 작년에 2주기 끝나고 5월 달이나, 5월 달도 더 된 거 같고. 순범 엄마랑 와서 너무 아프니까 "너 그러고 돌아다니지 말고 한번 가보자. 야, 다른 사람도 다 받는데 뭐가 무서워서 그렇게 안 받냐?", "애한테 미안해서", "아,

길게 싸울라면 가야지, 뭐 애한테 미안해". 가볼까 하다가 처음에는 솔직히 말해서 그분들한테 몸을 맡긴다는 게 그랬어요. 한 번도 그런 대접을 못 받고 살아서 뭔가가 불편했어요. 그래서 거기 가서, 방에 가서 기계에, 의자에다가 2주까지는 그러고 다녔던 거 같애.

면담자　　　안마 의자에만?

호성 엄마　　　의자에만. 그래도 "아, 시원하다" 그러고 "어, 이런 것도 있었다" 그러면서 둘이 낄낄대고 웃고 그랬는데, "그러면 한번, 날이 됐으니까 한번 받아봐" [그래서 마사지를] 받아보니까 처음에는 몇 번은 민망스럽고, 누워 있는 것도 민망스럽고 이분들한테 [마사지]받는 것도 민망스럽고, 아우 그러더라고요. 그러더니 그다음부터 안 받으면 이상한, 안 받으니까 어쩔 때는 무슨 요일에 오라 그랬는데요. 자꾸 시간이, 내가 약속을 못 지켜서 지금은 영 아프다 싶으면 전화를 해요. "오늘은 자리가 있나요?" 그러면 그때만 가거든요. 가면, 지금은 받고 나면 덜 아픈 거 같고, 지금 그러고 다니고 있죠. 무슨 얘기했나요?

면담자　　　계속 활동하실 수 있는 이유.

호성 엄마　　　그래서 강 선생님 얘기가 나왔구나. 그때 내가 '[강 선생님이 내게 한] 질문이 뭐지?' 하고 머리를 딱 맞은 느낌이었어요. "내가 살려구요" 그랬던 거 같애요. 호성이를 위한다는 건 핑계고, 내가 가만 보니까 우리, 나는 차라리 우리 아이가 있을 때도 항상 '쟤가 없으면 [어떻게 살까, 참 난 참 행복하다. 그래도 내가 힘들 게 이렇게 살아서 가여운 줄 알고 저런 마음 따뜻한, 저렇게 건강한 아이를 나한테 선물해 줬구나'. 그래서 항상 법당에 가고, 절에 가면 "부처님 감사합니다" 그랬죠. 조금만 욕심 있으면 "공부 잘하게 해주세요" [하구요]. 그래도 항상 마음 따뜻한 아이로, 좀 지혜로운 아이로 [자라도록] 그렇게 기도를 했는데. 딱 지금 보니까 '그런 아이가 곁에 없는데 왜 이렇게 돌아다니지?' 강 선생님 [말에] 충격에[을] 딱 받으면서, 거울을 보면서 '이 모습을 애가 좋아할까?'(웃음) 그때가 화장품도 안 바르고 그랬는데 화장품 바르고, 지금은 다시 이 상태로 돌아왔지만. "내가 살려구요" 그 한마디가… 애를 위해서가 아닌 거 같애요. 지금도 살아 있는 거 숨 쉬고 있는 거 보니까 내가 살려고 돌아다닌 거 같애요. 지금도 배고프면 밥 먹고 웃고 그런 거 보니까 내가 살려고. 지금까지도 여러 사람들 만나면서 힘을 받은 게 '이러저런 사람들도 참 다양하게 많구나' 그것을 느끼고 그렇게 한 게, 내가 살려고 돌아다닌 거 같애요. 그게 정답이에요. 애를 위해서 다녔다는 건 핑계고 내가 못 견디니까 다닌 거 같애요, 응.

면담자　　　뭐가 제일 그렇게 힘이 드세요? 내가 아이를 보호하지 못했다는 건가요? (호성 엄마 : 일단은) 그렇게 사랑하는 존재가 지금 곁에 없다는 건가요?

호성 엄마　　　일단은 마음 놓고 사랑을 못 해줬다는 거. (면담자 : 충분히?) 응. 그리고 엄마의 나약함을 아이한테 많이 보여줬다는 거.

면담자　　　엄마의 나약함을 아이에게 보여준 게 마음에 걸리시는 군요.

호성 엄마　　　엄마의 나약함은, 애 아빠하고 살다 보니까, [애 아빠] 성격이 되게 강했어요, 우리 시어머니도 그렇고. 그러면 '나만 참으면 된다'라고 나는 생각을 했어요. 그래야만 집안이 조용하고, 〈비공개〉 이 정도는 감수를 해야 된다고 생각했어요. 근데 우리 호성이가 봤을 때는, 그 성격으로 봤을 때는 엄마는 참 바보 같은, 왜 엄마가 당당해야 되는데 당당하지 못한 거에 대한 그게[불만이] 아마 많이 있었던 거 같애요. 가끔가다 그런 얘기, "엄마 할 말 있으면 해. 그리고 엄마 무거운 거 들지 마. 이것은 남자한테 미뤄야지, 엄마가 자꾸 하다 보면 엄마가 하는 일로 다 알고 있잖아" 그리고 "엄마, 할머니한테 뭐가 싫다 그러면 싫다고 얘기해", "엄마, 다른 형제들도 다 있는데 왜 엄마가 그렇게 다 맡아서 해" 그런 얘기를 많이 했던 거 같애요. 그래서 그런 미안한 마음에 '그래, 엄마가 너한테는 새로운 삶으로[사는 모습을] 너한테 보여줄게. 엄마가 무력감에 빠져가지고 멍때리고 의자에 앉아서 TV만 쳐다보고 아파하고 그렇게 시간을 보내지 않을게, 엄마가' 이게 있는 거죠. '그래, 니한테 미안하고 너를 지켜주지 못한 거 엄마가 죽을 때까지는 어떻게 해볼게'.

면담자   호성이가 바랐던 엄마의 모습을 보여주고 싶으신 마음이 있으신 거군요.

호성 엄마   응, 그렇게 새롭게 용기 있게 살고 싶은 그런 마음 되게 강해요. 그러면서 힘들면 나의 노래가 있죠. "엄만 괜찮아(웃음), 엄만 잘 살고 있어. 우리 아들도 잘 지내고 있어?" 그런 얘기(울음). 그니까 그때의 엄마의 모습으로 아니고, 새로운 모습으로 살려고. 그래서 지금도 다니면서 많은 용기를, '우리 이렇게(울음) 바보스럽게 살면 우리 아들이 좋아하지 않을 것이다. 이건 아닌 건 아니라고 소리 내면서

호성 엄마 정부자

살아야 되겠다'. 그걸 알아버렸는데, 이 대한민국이란 나라가 힘없는 사람을 지켜주지 못하는 것을 알아버렸는데, 아들이 그렇게 살려줄 줄 알고 그거 기다리다가 그렇게 비참하게 갔는데…. 이 엄마는 그때 "전원 구조"라 해서 박수를 치고 감사의 기도를 드렸던 어리석은 엄마인데….

그래서 그거의 공포에서 자꾸 벗어나질 못하는 거 같애요. 마지막 그 장면, 과연 '어우, 얼마나 무서웠을까'. 응, 그러면 '여기서 그 고통보다도 그 두려움보다도, 자기가 죽어간다는 그 현실 속에서 친구들이 죽어가는 모습을 보면서 얼마나 무서웠고 고통스러웠을까' 했을 때, 나는 이 고통은 아무것도 아니야. 어쩔 때는 상처받고 뭐 하다가도 내가 나한테 손가락질하지. '니 자식은 그렇게 갔어. 너 이거 가지고 힘들다 하면 너는 부모도 아니지'라고 다시 나한테 자꾸 되묻는 공격을 하는 거 같애요. 한 번은[첫 번째는] 내가 살기 위해서, 숨 쉬고 살기 위해서 하는 거고. 두 번째는 우리 아들이 어디선가 지켜보는 [것 같아서], 나 눈에는 보이지 않지만, 당당하게 살려고, 더 이상은 어리석은 엄마가 되지 않기 위해서 싸우는 거 같애요.

6
4·16 활동과 관련한 변화: 활동에서 아쉬웠던 것

면담자　　　2년 반 동안의 활동이나 선택에서 아쉽거나 후회하는 점이 있으세요?

호성 엄마   지금도 딱 지나고 나면 젤 아쉬운 게, 내가 죽기 살기로 '차라리 죽을[죽는 게 나을 것 같은] 정도로 해봤니?' 그런 생각이 들어요.

면담자   어느 시점이 제일 아쉬우세요?

호성 엄마   청운동도 마찬가지고요, 청운동도 그렇게 뺀 거에 대해서. 차라리 왜 빼고 나서, 거기를 들어갈라고 애걸복걸하는가 그것도 조금 그랬고. 오히려 국회도 그렇고 뭐든지 지금은 합의를, 중간에서는 흐지부지 합의를 보고, 합의도 아니게 어떻게 물러난 그런 느낌에 조금 아리송하기도 하고 이해도 안 되는 것도 있고. 아직까지 그 집행부 위원장들의 그것[입장]을, 그 사람들을 안 만나봤기 때문에, 위원장들이 만나는 사람들은 안 만나보기 때문에, 어떻게 왜 이렇게밖에 할 수 없었는지는 그건 모르겠지만 그런 의문점이 자꾸 들어요. 왜 거기서 끈질기게, '무엇을 하나를 목표를 잡으면 끈질기게 우리는 해야 된다'라고 나는 생각을 하거든요. '이게 하루아침에 될 일이 아닌데, 왜 하다가 이게 아니다 싶으면 그냥 물러나 버리고, 물러나 버리고, 그거에 대해서. 이래 가지고 뭘 싸우자는 거야?' [하는 생각이 들었어요].

면담자   집행부의 책임을 맡고 있는 분들이 다른 가족분들한테 그것을 설명하거나 설득하거나, 의견을 모으거나 그런 과정이 없나요?

호성 엄마   그게 과정이 있더래도, 말을 한다 해도 그게 이해가 안 되죠, 그 말을 들어도. 무슨 말인지 알죠?

면담자   가족분들이 그걸 원하지 않는다면 집행부에서 그거를 하지 말아야 하는 거 아닌가요?

호성 엄마　　　　그니까 집행부에서 어떤 식으로, 나 같은 부모들이 별로 없는 거예요. 집행부에서 얘기를 하길래, 만약에 청운동도 그렇고 국회도 그렇고. 국회야 그런 상황이 빼줘야 될 [상황이 있겠지만], 우리가 영원히는 못 하지만….

　　무슨 일을 진행을 할 때 참여하는 부모들이 많아야 되는데 참여하는 부모님들이 많지 않고, 활동한 부모들만 계속하게 되는 거죠. 그러면 학교 문제도 아마 그런 것이[이유가] 있기 때문에 이것[교실]을 뺐을 거예요. 이 부모들 250명이 다 가서 "이것을 존치를 해야 되고, 이 자리는 남겨져야 된다"라고 얘기를 했으면 집행부도 그런 쪽으로 했을 텐데. 처음에는 "우와" 사람들이 "하자" 그래놓고, 나중에는 여기에서 단식을 해야 되고 돌아가면서 당직을 서야 되는 일이 발생했을 때는, 시간이 지날수록 점점 부모들이 안 나와버리는 거예요, 그리고 [활동]한 부모들만 [계속]하게 되고. 그런 인원을 봤을 때는, 외부에서는 '저거 가지고 뭘 당신들이 무엇을 한목소리를 낼 수 있냐'. 그것을 안 보여주고 싶은 거죠, 동력이 자꾸 떨어지니까. 그랬을 때 집행부에서는 최고의 거슥이[대안이] 우리가 합의를 봤을 때, '합의를 보는 게 낫다'라고 생각을 할 것 같애요. 그런데 저 같은 경우에는 학교 문제라든가 어쩔 수 없이 그렇게 결정이 났더래도, 제일 아쉬운 건 청운동에서만큼은 진짜 끈기 있게 1일 단식이라도, 천막 하나 조그맣게 지어놓고 그런 식으로 했어야 되지 않나. '왜 그렇게 거기에 들어가기 힘들어하고 다 가로막힌데 [어렵게 들어간 건데] 저런 식으로 했을까'라는 생각이 조금 아쉬워요.

　　그러니까 이해를 하면서도 끝까지 마음껏 못 싸워봤다는 그 갈증이 있는 거죠. 바로바로 너무 쉽게 그냥, 그 임원들은 쉽지가 않았겠지만 저희들이, 따라가는 부모들이 봤을 때는 왜 싸워보지도 않고, 싸워봐야 후회가 없죠. 근데 그런 후회 없게 [끝까지 싸우지를 못하고] 자꾸 물러나고 있으니까, 가족들도 자꾸자꾸 참석하는 분들이 줄어들지 않나, 그런 생각을 하고 있어요.

7
4·16 활동과 관련한 변화: 가장 힘들었던 것과 위안이 되었던 것

면담자　　　지난 2년 반 동안 본인을 가장 힘들게 했던 것은 어떤 것이라고 생각하세요?

호성 엄마　　　저를 가장 힘들게 했던 거, 우리 아들 마지막 장면이죠, 마지막 장면에 지금도…. 그 쌍둥이 배[오하마나호]를 두 번인가 타봤어요. 애 아빠도 서너 번을 제주도를 간다고 [배를 탔어요]. 산악회, 애 아빠 회사 산악회를 [제주도로 가느라고, 그래서] 거기 위치를 너무 잘 알기 때문에 저가 오히려 캄캄한 객실에 아이를 찾고 다니는 거예요. 그럼 아이들이 머리통만, 뒷모습만 보이고 나란히 앉아 있는 모습을, 자꾸 사진을 [보는 듯한] 그런 꿈을 꾸거든요. 나도 가서, 내가 뒤에서 내 아인 줄 알고 이렇게 딱 제끼면[젖히면], 얼굴도 안 본 상태에서 갑자기 꿈에서 딱 깨버리고, 소리 지르고 깨고 그런 상황인데…. 자꾸 그거예요.

면담자　　　호성이를 찾으러 객실을 돌아다니시고. 그럼 거기가 물에 잠긴 상태인 건가요?

호성 엄마   물에 잠기지 않고, 다 양반다리를 하고 저쪽을 쳐다보
고 있는 거죠. 내가 아이들 얼굴을 못 보고, 여기에서 나는 나타나 가
지고 아이들의 뒤통수만 보고 있는 거예요. 그러믄 뒤통수를 보고, 한
아이를 잡고 고개를 돌리려는 사이에 꿈에서 깨는, 지금도 그것은….

면담자   지금도 그런 꿈을 꾸세요? (호성 엄마 : 네) 2년이 넘게?
(호성 엄마 : 예) 한 번도 호성이 얼굴을 보거나 그러신 건 아니구요?

호성 엄마   아니요. 호성이 얼굴은, 우리 아들은 항상 웃고 있었
어요.

면담자   꿈에서 호성이가 나오면 웃고 있어요?

호성 엄마   [호성이가 꿈에] 나오면, 그 동거차도 아니 진도체육관에
있을 때도 아이가 시끄럽게 웃었어요. 여자 친구들이 깔깔대고, 환한
모습으로 웃고 있었고. 사과를 먹고 있다든가 그러면, 자기가 사과를
먹고 있는데 여자 친구가 뺏으니까 그냥 주더라고요. 그래서 내가 바
다에다 사과 던져주고. 그리고 꿈을 꾸는데 이상하게도 49재 하는 날,
내일모레가 49재면 49재 하는 날 새벽 3시, 2시 정도에 꿈을 꿨는데
애가 온 거예요, 꿈속에서. 근데 항상 애는 웃고 있어요. 웃고 있는데
그날은 옷을, 신부님들이 입는 긴 옷을 입었어요.

면담자   검은색?

호성 엄마   아니, 검은색이 아니에요. 그래서 저번에 교황님이 오
실 때 그 옷을 봤더니, 그쪽 교황님이 입은 옷이 아니라 그쪽 신부님

들이 입는 옷 중에 그런 긴 걸 입고, 모자도 이렇게(모자 쓰는 시늉을 하며) 모자를 딱 썼는데, 내가 꿈속에서, 호성 아빠가 그 자리에 [있어]서, 호성 아빠가 "호성이 왔어" 그러길래 내가 "걔 안 죽었어?" 그랬더니 "응, 왔는데" [하는 거예요]. "어디 있는데?" [하니까] "형하고 얘기하고 있어. 화장실에 있어" 그러는 거예요. "그래?" 근데 웅얼웅얼 소리만 들리더라고요, 뚜렷한 말은 안 들리고. 그래서 나는 삐져서 화장대 옆에서 쭈그리고 앉아서, 삐져가지고 "왜 왔으면 엄마를 먼저 보러 와야 되는데 저래?" 그리고 꿈에서 삐져 있었던 거예요. 근데 아들이 화장실에서 딱 나오는데 긴 옷을 입었어요. "저 옷이 뭐야?" 나는 딱 내 생각에, 저 옷이 우리가 애를 보낼 때 입히는 옷인가 했는데, 여기[소매]도 길고 긴 옷이었고, 모자를 썼는데 환하게 웃으면서 나를 이렇게, 이렇게 하길래 나도 모르게 "아들", 그러면서 "너 죽지 않았니?" [했더니] "아니, 나를 제일 먼저 꺼내줬어" 그러더라고. 그래서 내가 "아들" 그랬더니 체격이 좀 커진 느낌이었어요.

면담자　　안아보니까요?

호성 엄마　　네, 네. 얼굴도 커진 느낌이고, 안경을 꼈는데 안경도 안 썼어요. 근데 나는 꿈에 안경을 썼는지 안 썼는지도 모르는데, 그 다음에 계속 생각하니까 안경을 못 썼더라고요. 그래서 모자를 딱 벗고서 날 끌어안아 줬는데, 그때 성당 다니는 친구가 하나 있거든요. "가야 돼" 그리고 우리 둘이를 확 이렇게 떨어뜨려 놨어요. 그래서 꿈에서 딱 깨어나 보니까 우리 큰애는 그때 술 한잔을 먹어가지고 씻고 있었고, 애 아빠가 옆에서 애 씻는 소리에 시끄러워서 "음" 하고 있더라고요. 그래 내가 "호성 아빠, 호성이 꿈꿨어. 호성이 이런 꿈을 꿨는데 주희 엄마가 나와서 둘이 끌어안았어. 그거 뭐야? 주희 엄마한테 안 좋은 일 있으려나" 나는 그랬거든요. 그랬더니 애 아빠가 "주희 엄마가 기도를 많이 해주나 보다. 응, 그래서 좋은 데 갔나 보다" 그래서 자세하게 얼굴 생김새라든가 얘기를 했죠. 안경을, "근데 안경을 안 썼다" 그런 얘기라든가…. 우리 아들은 항상 나오면 웃고 있어요, 항상 해맑게 웃고 있고. 한번은 검은 반바지에 검은 옷에 공부를 하고 있는 거예요.

면담자　　　책상에서요?

호성 엄마　　네, 근데 거기가 야외 같은데 공부를 하고 있고, 한쪽에 친구들은 막 떠들고 놀고 있는데 [호성이는] 공부를. 그래서 "너 무슨 공부를 하니?" 내가 그랬더니 "영어" [그래요]. "그래?" 그래서 내가 그때 더 책을 갖다준 거 같애요, 꿈속에.

면담자　　　다른 애들은 놀고 있는데요?

호성 엄마　　네. 그래서 몇 명이 앉아서 공부하고 있는데 "영어 해? 그러면 역사도 하고" 책을 내가 몇 권을 더 갖다주면서 "더 공부해. 이것도 해야 돼" 그렇게 했었는데…. 그때는 얼굴도 안 보고 "공부해" 이렇게 하고 있더라고요. 깨어나서 "애가 공부를 했어. 영어 공부를 한대" 교과서도 생각이 나고 그랬더니, 애 아빠가 "우리 선생님이 영어 선생님이었어" 그러더라고. "그래? 거기서도 공부를 하나 봐" 그런, 네, 네.

면담자　　　거기서도 공부를 하나요?

호성 엄마   그래서 우리 담임선생님 영어 선생님이잖아. 그것도 신기해 가지고 엄마들한테 "꿈을 꿨는데 이런 일이 있었다. 근데 거기서도 공부를 하나 봐. 공부를 해야 되나?" 그니까 엄마들이 "지겹게 거기서 무슨 공부를 하라고 책을 줬냐"고 그러는데, "나도 모르게 책을 갖다줬다". 그런 꿈을, 잘 지내고 있는 꿈을 꾸는데 스님한테는 다르게 꿈에 나온대요.

면담자   호성이가요?

호성 엄마   응. 스님이 나를 그만두[게] 하기 위해서 그런 건지, "엄마가 그만했으면 좋겠다", "어쩌다 그런 꿈을 꾼다" 그러기에 "그래요?" 그라고 절을 안 가고 있어요.

면담자   그러시구나. 그럼 지난 2년 반 동안 어머님께 가장 위안이 되었던 건 어떤 것인가요?

호성 엄마   가장 위안이 됐던 건 우리 엄마들이죠. 특히 우리 가까이 6반 엄마들이고.

면담자   6반 어머님들 몇 분이나 활동하세요?

호성 엄마   여덟 명이요, 여덟 가족. 아홉 가족이 소송을 했는데 한 분은 이제 직장 다니고, 아빠 혼자라 안 나오시는데. 가족으로 치면 여덟 가족인데, 그런저런 얘기, 말 안 해도 같이 늙어갈 수 있고, '이런 친구가 있어서 좋다', 의지가 많이 돼요.

면담자   그분들이 어머님이 공방 일이나 추모 관련 일 하시는 걸 지지해 주고 그러시나요? 의견도 주시고?

호성 엄마   지지는 많이 하면서, "못 도와줘서 미안하다" 하면서 "뭔가를 하고 다녀라" 그런 얘기는 해요. 우리 순범 엄마는 반 대표를 하고, 대협 쪽에 일을 하고 있고. 다른 엄마들도 성향이 다 있으니까 거의 피켓이라든가, 광화문 올라갈 때는 올라가면서 적극적으로 뭐 추모 쪽에 어디 "공청회 한다" 그러면 참석 같은 건 하는데, 적극적으로 뭘 맡아서 하는 그런 성격은 아닌 거 같아요. 그리고 우리 재능이 엄마는 [아이가] 혼자이다 보니까, 약간 억울함을 꼭 밝혀야 된다는 그런 중요성은 아는데도, 한편으로서는 '내가 누구를 위해서 이렇게 해야 되나' 하는 그런 마음도 있을 거예요, 자식이 하나다 보니까. 한[아이가 하나인] 사람은 그래요, 저 같은 경우도 애한테 미안해서, 내가 진짜 살기 위해서 다니고 있지, 어쩔 때는 '이것을 왜 하고 있지?'라는 생각이 들 때가 있어요. '이렇게 꽉 막혀 있는데 어떤 것부터 시작을 해야 될까, 어떤 것부터 손을 대야 될까', 이럴 때가….

아무것도 안 이루어진 지금 상황이니까 다시 시작해야 된단 말이야. 2014년 그 참사로 일어날 때 보면 모든 걸[것이] 해결될 줄 알았는데 지금은 다 잊혀져 버린 상태고. 다시 시작점으로 돌아왔을 때는, '이게 참 막막하다' 그런 생각이 들 때는 그런데, 그 엄마하고 얘기를 하다 보면 충분하게 "언니, 난 너무 억울해. 그런데 내가 이렇게 다니면 몸 망가지고 뭐 하고. 내 자식이, 살아 있는 자식이 없는데, 어느 자식을 위해서 내가 이렇게 하고 있을까"[라고 해요]. "시민분들이라든가 동네 분들한테 그런 소리를 들었을 때는 약간 그런 마음이 든다" 그래요. 그리고 함께하시는 분들 보면 힘받아서 나가게 되고. 우리 일인데, 저분들이 뭐라고 자기 일 제쳐놓고 나와서 하는, 우리도 마찬가지거든요. 저분들이 이 세상을 바꿔보자고, 저런 분들 때문에 그나마 이 이렇게 사회가 돌아가고 있는 거 아닌가…. 그런 분들 통해서 나오게 되고 그렇다 하더라고요. 반반인 거 같아요.

면담자   아이가 하나였던 분들과 더 있는 분들은 입장이 다르실 수도 있을 거 같아요.

호성 엄마   네, 네. 그럴 것 같아요.

8
4·16 활동과 관련한 변화: 사회에 대한 인식 변화

면담자   어머님께서는 4·16 경험으로 자식 교육에 대해서, 혹은 한국 사회 이런 등등에 대해서 관점이 많이 바뀌신 거 같으세요?

호성 엄마   바뀐 거, 바뀌었는데도 답답함이 있죠. 바뀌었는데 이것은 너무 '교육의 문제는 진상 규명만큼 힘들다'라는 생각이 있어요, 진상 규명만큼. 약간에 우리나라의, 다른 나라는 모르지만, 우리나라의 엘리트들은 조금 전에 교수님도 말했지만 자기의 아집이 너무 강해요. 자기 틀에 벗어나면 이것은 도저히 용납이 안 되는 그런 분들이라…. 그런 분들이 이 틀을 벗어나야 되는데, 이게 안 되면 다른 것을 그냥 확 뒤집어 가지고 해야 되는데. 그렇게까지는 우리가 진상 규명할 만큼, 이것은 어떻게 내가 볼 때는 '부정적이다. 지금부터가 이분들이, 이게 생각이 깨우쳐가지고 지금부터 노력을 해도, 내가 볼 때는 한 100년은 걸리지 않을까'. 네, 그런 생각이 들 정도로.

호성 엄마 정부자

오히려 뭐랄까요, 우리가 죽을 때 되면 우리 뭐더라, 잠수사들 말고, 선장이라든가 양심선언이나 해라. 그것보다 더 힘들다. 죽을 때 되면 "내가 이랬는데 나 진짜 억울하다. 나는 진짜 이래이래서 시켜서 했고, 이런 상황이고 나는 진짜 살고 싶었고 그 당시에 다 시키니까 나는 이렇더라. 뭐가 밝혀져야 되는데 이렇게 꽁해가지고 이들이 돈 몇 푼 주고 가족을 먹여 살린다니까" 거기 감옥살이 [하고] 있지만, 자신의 명예 회복도 그 사람들도 필요하잖아요. 진실을 확실하게 그렇게[밝혀야] 해야 되는데, '그것[진상 규명]보다 교육이 더 힘들다'라는 생각이 들어요, 그것보다. 그래서 서서히, 이것은 우리 평범한 우리 엄마들이 이런 참사를 겪었다고 "교육, 교육, 교육 바뀌어야 됩니다" 그렇게 소리 질렀지만, 우리가 아니라 당사자인 그 교육자들이 생각이 바뀌어서 이것을 뒤집어 놔야만이 바뀐다는 거예요.

면담자   정치에 대해서는 어떤 생각을 하시게 됐나요? 전에는 큰 관심이 없으셨다고 하셨죠?

호성 엄마   관심 없었죠, 관심이 없었고. 근데 마음속에서는, 반장을 하다 보니까, 그래도 재건축하고 뭐 하고 그라다 보면 "센 당을 뽑아줘야 되지 않냐. 당이 많은 수를 뽑아줘야지 일도 쭉쭉 잘한다" 그랬는데, 저는 투표를 하러 가면 꼭 야당을 뽑고 있더라고요.

면담자   그건 왜 그러신 거 같아요?

호성 엄마   모르겠어요, 저도. 그 사람이 특별나게 좋은 것도 아니고 뭣도 아닌데, 그래도 이렇게 뽑게 됐어요.

면담자   고잔동 동네 분들이 그러한 입장이셨나요?

호성 엄마   동네 분들은, 반장분들은 거의 여당을 많이 뽑았죠. 박 순잔가 이순잔가 그분도 계시고 하니까, 많이 와서 그랬으니까. 아무래도 "우리가 이 동네를 활성화시키겠다" 하니까 그분들을 많이 밀어줬는데, 저 같은 경우에는 저도 모르게 그런 거 같애요.

면담자   지금은 어떠세요? 여야가 갑자기 합의를 해서 가족들을 실망시키고, 정치인들이 보여준 실망스러운 행동들이 많이 있었잖아요.

호성 엄마   네, 네, 지금은 딱 중간, 중간. 정치, 참 정치 속을 모르겠는데요?

면담자   이 사람들 속을 모르겠어요?

호성 엄마   이 사람들을 보면, 사람들을 만나면 한결같이 따뜻한 사람인 거 같애요. 안쓰러워하고 얼굴을 보면 '내가 저 사람들을 왜 미워했지' 내가 반성할 정도로. 근데 하는 짓거리를 보면 이상한 짓을 하니까, 정말 저분들은 이렇게 힘없는 사람들을, 힘없는 국민들을 상대로 자기 밥그릇을 챙기는 거 맞는 건지. 왜 저 정도 하면 부러울 게 없을 거 같은데, 뭐 때문에 그런 건지 도무지가…. 글쎄요, 나를 시켜주면 공평하게 할 것 같은데.

면담자   그렇게 속과 겉이 다르지 않은 사람들은 일단 정치를 할 수가 없는 거죠. 정치를 하는 사람들의 특성을 어머님이 정확히 말씀하신 거 같아요.

호성 엄마   그래요? 아니 오면은 '저렇게 착한 사람도 있나'. 국회의원 할 때, 박근혜하고 같이 한참 싸울 때 있잖아요, 선거할 때. 그분이 기억에 그래요, 두 명인가 왔어요. 왔는데 그분이 우리는, '기억[과 약속]의 길'은 내가 먼저 얘기하는 게 아니라 오시는 분들이 어떠한 4·16 참사가 일어나고 어떠한 생활을 사셨는지 그 전과 후를 얘기하시는 거거든요. 그분이 "아이가 아프다"라고, 그분이 한참 신세타령을 하시더라고요. 그래서 나도 모르게 막 웃음이 나왔어요, 웃으면 안 되는데 내가 언제 그분들을 보겠어요. 근데 애를 보내놓고 나서 이게 존경하는 사람의 이게[기준이] 틀리다니까요. 많이 배웠다고 존경하고 적게 배웠다고 존경[하지 않고] 이게 틀린 게, 웃다가 아니, 가만 보니까 저한테, 자식을 잃은 부모한테 와가지고 그런 얘기를 하니까 내가 무슨 말씀을 해줘야 될지, 무슨 말을 해야 될지 모르겠어요, 그래서 웃음이 나왔어요. 네, 그때 참 그분도 '저 엄마 미쳤구나'라고 생각했을 거예요. 근데 내가 볼 때는 '저 사람이 미쳤구나. 얼마나 힘들었길래 나 같은 사람 앞에 와가지고 저런 얘기를 하고…'. 참 어떻게 얘기할 줄을 모르고, 고개 숙이고 그냥 손을 이렇게 하더니(한숨), 이러면서 끝끝내 말하는 게, "저도 애만 아파도, 내 자식만 아파도 이렇게 마음이 아픈데…". 위로라고 한 게 나한테 전달이 안 됐는지, 나는 이분이 오셨으면 국회 앞으로 어떻게 할 것인가(웃음).

대한민국 이거 썩어빠졌으니까, 앞으로 우리가 어떻게 해가지고, 똘똘 뭉쳐가지고 아직도 힘도 없지만, 힘도 없지만 그래도 그분은 계속 그런 일을 하고 살아가셔야 될 분이잖아요. "앞으로는 우리가 이런 식으로 해서 이런 체계가 있다. 내가 지금 이 자리에 나와서 힘이 없지만 진짜 대한민국이 문제점이 있다"라는 거. 나를 세뇌 교육을 시키

고 가야 될 분이 나를 위로한다고 한 게, "내 자식이 아파요" 그 말 했
을 때, 이거 내가 위로를 해줘야 되는 건지 내가 오히려 이 썩어빠진
나라라고 해야 되는 건지…. 저분 앞에서 뭐라고 말씀을(웃음) 못 하
는 상황이 벌어져 가지고 웃다가…. '이게 도대체 무슨 말씀을, 이렇
게 유명한 분이 오셨는데 [어떻게] 그럴까', 그런 상황이 있었어요. '정
치는 진짜 아리송하다. 왜 저렇게, 높은 자리에, 그래도 법도 만들고
정치인들이 다 하는데 저렇게…'. 국회의장도 만나봤는데요, 그러더
라고요. 언론을, 우리한테 잘 관리를 하고 있으래요. 그래서 '어, 이거
뭐지?' 안산시장님도 만나봤는데요, 안산 시민을 잘 설득을 하고 있으
래요.

면담자   시장이 해야 될 일을 유가족한테 떠맡겼네요.

호성 엄마   네, 시민을 [설득하래요]. "추모관을 나는 여기를 해주고
싶다. [그런데] 안산 시민이 걸린다. 가족들이 다니면서 안산 시민들을
[설득해라]". 그래서 이게 끝에 가서는 그 답변이어 가지고. 끝에는 얘
기가 중간에선 잘하다가 "야, 우리 시장님 최고야 짱짱" 그러다가 나
중에는 시민들 "그러나 시민들이 반대하면 나도 조금 그렇습니다". 안
산 시민들 얘기하면 찝찝하게 '이게 뭐지?' 하고 나오고. 지금 그런 게
계속 맴돌고 있어요. 그래서 안산시장님은, 아니 시장님 사모님은 그
러더라고요, [시장님] 짝꿍은. "어떡할 거냐? 우리 시장님 열심히 노력
하고 있다. 당신네들은 소수고 안산 시민들은 그래도 많지 않냐, 인원
이. 막말로 당신들 일 안 보고, 안산 시민들 일만 보면 어떡할라고 자
꾸 떼를 쓰냐" 그런 말도 하더라고요. 그래서 시장님 와이프하고 싸웠
는데, 지금은 아는 체하고 "시장님, 사모님 안녕하세요!"(웃음) 나도 이

상해요, 제정신이 아니에요.

면담자   돈에 대한 생각은 어떻게 바뀌셨어요?

호성 엄마   돈에, 돈이 있으면 편리하죠, 편리하고. 지금은 '돈이 많
으면, 치사해서 그 돈으로 다 [추모공원] 지어버릴 텐데' 그런 생각도 들
어요. '치사하다 진짜', 치사해서 너네들한테 안 하고, 다 돈만 있으면
그냥 딱 하고. 재단도 돈만 있으면 그냥 딱딱 내가지고, 우리가 해서
우리가 진상 규명 꾸려갈 텐데, 이게 없으니까 돈 때문에. 그런 물질적
인 거, 그 욕심 때문에 애들을 보내놓고. 이것도 돈의 연관성은, 싸우
고 있더라고요. "뭘 더 받아낼 것이냐, 뭐 할 것이냐", 그것도 다 돈돈,
솔직히 말해서 지겨워요. 지겹다 하는 생각이 어디나 가도. 지금 돈,
추모 거슥에도[일에도] "돈이 얼마니" 그런 얘기하고. 여기도 "올 12월
달까지만 된다"라고, "돈 집행이 안 됐다" 그라고. 그냥 계속 그쪽에서
"돈 없다" 징징 징징거리고, 안산시 가도 "돈 집행 안 된다" 징징 징징
거리고, 우리 가족협의회도 "돈 없다" 징징 징징거리고. 아유 이게, 돈
이 뭣이길래 자꾸 그러나, 자꾸 그래요. 가정에서도 자꾸 일을 안 하고
있다 보니까, 이게 돈이 뭐길래 이렇게 되나 이렇고. 제일 근본적인 게
맞아요. 이게 돈에 휘말리고, [휘말리게] 되는 거 같애요.

9
4·16 활동과 관련한 변화: 지금 가장 걱정되는 문제

면담자   지금 가장 걱정되는, 가장 고민되는 점이 있다면요?

호성 엄마　　고민되는 건 가족들이 여기에서 지쳐서, 저번에 우리가 모여서 얘기를 해보니까 어떤 부모님들은 국민 성금을 못 쓰고 있더라고요. 아이를 하나 키우면서 생활은 해야 되는데, 이 일을 계속해야 될 것 같은데, 이걸[국민 성금을] 과연 쓰고 [진실을] 알려야 되는 건지, 아니면 한 아이를 생각해서 돈을 벌어야 되는지, 그런 갈등에 많이 지금 접해 있어요. 대체적으로 부모들이 한 3주기까지, 3주기로 생각하는 부모들도 있고요. 마음속에 '내가 그 정도는 싸워야 되지 않나'라는 그런 마음속에 그것도 있고. 이게 '그걸 쓰면서 진짜 해? 근데 이 돈이 어떤 돈인데 이것을. 어떻게 될지도 모르는데 이 돈을 써?' 그러면 있는 아이를 위해서 일을 해야 되는데, '내가 지금 일할 거숙이[처지가] 되나?' 이 아이한테도[죽은 아이한테도] 미안하고, 이 아이한테도[살아 있는 아이한테도] 미안한 그런 거예요.

그래서 지금은 거의 그런 마음을 갖고 안 나올까 봐, 지금부터, 지금 뭔가 법도 특조위도 다 끝나버리고, 법도 다시 만들어야 되고, 지금 추모 일도 솔직히 말해서 한 번에 시작은 되지 않을 거예요. 계속 이게, 지금은 계속 싸워야 될 입장에 부모들이 지쳐간다는 거죠. 그놈의 돈 때문에, 먹고사는 문제 때문에 지쳐갔을 때 과연, 부모들이 이렇게 없으면, 진짜 우리를 도와주고 있는 이분들도 과연 얼마나 남을까…. 우리끼리의, 몇 명 사람의 메아리처럼 될까 봐 그게 제일 두려운 거예요. 뭔가는 해야 될 것 같은데 메아리처럼, 한 사람이 일하는 거는 어느 정도 한계가 있고 그렇게 될까 봐, 우리끼리의 어디에 갇혀서 있을까 봐 그게 두려워요.

그렇다고 그것 때문에 "부모들의 직업을 줘야 된다, 강사로 나가야 된다" 그렇게 말은 하고 있는데, 그것도 투철하게 원래 강사로 지내시는 분들이 있잖아요, 일반 분들이 있고. 우리는 새롭게 일을 찾아 갈라고 하는 분도 있는데, 거기에서도 마찰이 있더라고요. 그래서 "우리 부모들 잘하는 분들은 몇 분이라도 강사 자격증을 줘라" 이렇게 하고 있지만, 거기에서 10명을 자격증을 주면 나머지 분들이 되니까[안 되니까]. 그래서 이분들은 아무리 못해도 20명을 강사를 줘서, 여기저기 강사로 나가게 하고 체험을, 동네 사람들 만나서 체험을, 이런 행사 때마다 체험을 나가고. 간담회는, 대협에서는 말을 잘하시는 분들은 간담회 나가서, 거기에 어느 정도 일정한 수입은 줘야 된다. 그래야만이 이 일을 꾸준하게 해나갈 수 있지 않나. 그런데 아직까지는 우리 부모들이 돈에 대해서 되게 무서워해요. 그래서 그것은 공방에서부터 시작을 했거든요. "내가 그것은 총대를 멜 테니까, 그것은 떳떳하게 당신들의 노동의 대가니까 그것은 받아라". 받고는 있는데 말들이 조금씩 조금씩 들어오죠.

면담자　　　　세월호 가족들이 돈 벌려고 한다고, 이런 말 할까 봐요?

호성 엄마　　　네, 네. "근데 이것은 해야 된다, 이것은 해야 되고. 사단법인이나 재단이 설립될 때는, 우리 임원들도 100프로의 돈은 아니어도 조그마한 월급이라도 활동비는 줘야 되고. 그래야지 이 사람들이 꾸준하게 할 수 있지, 아무것도 안 된 상태에서, 아무것도 안 준 상태에서 이 부모들은 움직이라 하면 뭐가 될 것이냐". 그래서 지금 공방서부터 그 일을 하고 있어요. 그래서 돈 문제는 그냥 내가 총대를 멘 입장에[서] 가고 있어요. 그래서 자꾸 임원들한테도 "그것은 당당하게, 그쪽에서 강사료가 있기 때문에, 강사로 나간 부모들이 강사료를 받는 건데, 그것까지 어떻게 대협에다가 입금시키라고 할 수 없다[라고 말해요]. '그것은, 부모들의 그것은[부모들이 활동한 것에 대한 사례는] 노동의 대가다'라고 생각을 해서 자꾸 그 말을 하고 있어요. 그래야만이 다른 부모들도 탈 수가 있으니까.

면담자 지금 공방은 '이웃'하고 함께 활동하시는 건가요? 지금은 어디랑 같이하고 계세요?

호성 엄마 지금은 '이웃'하고 안 하고요. 저희들이 강사로 나가기 시작했어요. (면담자 : 혼자?) '쉼과힘'에 장소를 빌려가지고, 우리가 사업을 경기도에 내서, 어느 정도 컨테이너에서는 그 강의를 할 수가 없더라고요. 강사만, 저기 장소만 빌려가지고 나가게 되어서 인자 그때부터 소문이 퍼진 거예요. 그러면서 그때부터 양말목 [뜨기 수업]을 하게 되면서 내가 아시는 분들마다 연락을 했어요. "우리 엄마들이 이런 강사로 나가고 있습니다. 양말목으로도 방학 때 애들도 가르쳐줄 수 있고 하니까 불러주세요". 그러니까 소문을 듣고 그것을, 처음엔 반월서부터 부르기 시작했어요. 거기서부터 세 번을 불러주고, 처음에는 강사료를 한 번은 주고 한 번은 재료비만 줘서 그 재료를 사가지고 나가게 돼서 체험 부스도 하고, 강사라고 가서 양말목도 하고. 그분이 연결, 연결 시켜주는 거예요.

면담자 그러면 지금은 안산시 지원인 건가요, 경기도 지원인가요?

호성 엄마 초창기에는 그 사업은 두 개가 있는데요, '따봉'하고 '이웃'과 함께. '이웃'하고 같이한다는 것은 하나는 안산이고, 하나는 경기도. 거기에 사업을 낸 거죠. "저희가 이렇게 하고 싶다, 이웃들과 같이 동네 분들하고 같이하고 싶다" 그래 가지고 거기에 내서, 한 달에 300짜리하고, 300짜리일 거예요. 300하고 500짜리를 해가지고, 하나는 노랭이 방[기억과 약속의 방]에서 세 가지 품목을 가지고 엄마들이 강사 수업을 받고 있어요. 우리는 앉아서 바느질만 했었지만은, 그 선생님이 와가지고 [엄마들이] "강의를 나가실 때는 이런 교육을, 이런 말투를 써야 되고 이렇게 해야 되고 [이렇게] 해야 됩니다" 하면, 그것을 수하고 퀼트하고 매듭하고. 이번에는 마지막으로 퀼트가 있거든요. 그다음에 규방 자수, 규방 자수도 있었고. 마지막에는 퀼트를 할 텐데, 퀼트가 온마음에서도 수업이 있어요. 온마음에서 와서, 공방에서 수업이 있어서, 이것은 온마음 수업이 아니라 우리가 사업을 내가지고 하는 수업이기 때문에 이번에는 재래식 한복 같은 것을 만들 거예요. "엄마들 실력으로는 만들어서 편하게 입고, 내 자식 옷도 만들어서 선물하고 그러자", 바느질들은 잘하니까. 그래서 완전 재래식, 100퍼센트 한복은 아니어도 따뜻하게 그런 거, 그래서 그것을 프로그램을 하고 있고요. 그라고 안산시에서 올해 안에 해야 될 천연 염색 수업이 이번 주 금요일부터 들어가요. 그런 식으로 자꾸 연결을 해서 따왔죠.

면담자　　　그러면 참여하시는 분들은 수강료를 받지 않고 시에서 지원하는 건가요?

호성 엄마　　　네, 네. 시에서 '엄마들 상대로 우리가 이렇게 하고 싶다' 그러면 시에서 가져오든가, 아니면 이것을 쓰는 게 많더라고요. 우리가 사업계획서라든가요, 그렇게 써서 거가 당선[선정]이 되면 사업비가 나와서 그걸 가지고 운영을 하고 있어요.

면담자　　　　요즘 이런 사업이 많죠. 서류 작업 같은 것도 엄마들이 직접 하시나요?

호성 엄마　　아니, 아니, 서류 작업 같은 것은 하지 않고. 서류는 우리 임남희 사무국장이 도와줬고. 저는 거기서 사진 찍고 엄마들 강의서 쓰게 하고, 그런 거 해가지고 모아놓고 있어요. 그 사업이 잘되면 마지막 서류 같은 거 어디 어디 썼다는 것은 희망재단의 최유주 간사가 그것은 도와주고 있어요. 저는 중간 역할을 하고 있는 거죠. 그런 서류라든가 이력서라든가 어디에 입금시킨다든가 그런 것을 지금 배우고 있는 단계예요.

10
4·16 활동과 관련한 변화: 아이와의 관계와 앞으로의 계획

면담자　　　　지금 큰아이하고는 어떻게 지내시나요?

호성 엄마　　〈비공개〉 근데 초창기, 내가 아직까지는 마음속에 조금은, 지금 얘기하면 뭐랄까요. "엄마, 얘기 좀 해요" 그라면 "무슨 얘기? 어 난 너가 얘기하자 그러면 난 겁나" 그렇게 내가 약간 떠밀려[서 얘기하고] 그러지. 애는 그래도 뭔가를 도와주고 싶어 하는 거 같애요. 네, 네, 뭔가를 할려고 하고. 원래가 내성적인 아이예요, 성격상. 활달하고 그런 아이는 아닌데, 그 아이가 자꾸만 뭔가를 얘기를 하고 싶어 하고. 지 아빠한테는 전화 전혀 안 하는데 엄마한테는 "뭐 해요?" 그렇게 하면 참, 조금은 서서히 이렇게 마음이 조금 열리고 있어요. 그래

호성 엄마 정부자

서 자꾸, 아빠도 동거차도 갔는데 어제 갔거든요. 갔는데도 "요즘 어떻게 지내요? 요즘 어떻게 지내요? 그럼 엄마는 안산에서 살았으면 좋겠어요?" 그런 얘기해요. 그런 얘기했을 때 "응, 그래. 엄마도 싫어서 떠날라고 그랬는데 의지할 데가 이 엄마들밖에 더 있니" 그러니까 "네, 저도 그렇게 생각해요". 그런 얘기를 했을 때 조금 마음이 서서히 조금씩 열리고 있어요.

면담자   진상 규명, 선체 인양 같은 모든 목표들이 달성이 된다면 그다음에는 무엇을 하고 살고 싶으세요?

호성 엄마   무엇을 하면서 살고 싶은가요…….

면담자   아이들도 다 모이고, 진상 규명도 되고 그런 다음에는.

호성 엄마   그런 다음에는, 내가 할 수 있는 게, 딱 지금 떠오르는 게 조그만 식당에서, 애 아빠하고 하고 있을 거 같애.

면담자   단독, 개인 식당이요?

호성 엄마   애 아빠는 항상 "야, 알리자. 무슨 차나, 식당차 해가지고 알리고 더 분배되면, 뭐야 그냥 공짜로 밥 나눠주고". 그래서 내가 "세상물정 모르는 소리하고 있네" 그러거든요. 뭐가 장사가 돼야지 불우이웃도 돕기도 하지. 지금 딱 떠오르는 것은 내가 할 수 있는 게 그거니까. 그렇게 해서 뭔가를, 그렇게 평범하게. 그렇게 다 된다면 내 아이를 위해서 불공을 드리고, 내 자신을 위해서 '어떻게 죽을 것인가, 죽을 때 아프지 않고 조용히 깔끔하게 갔으면 좋겠다'. 그렇죠. 자식이 없으니까, 우리 큰애한테 그걸 보여주고 싶지 않은 거예요. 〈비공개〉

근데 한편으로는 나는 이 사회, 안산이라는 사회에 나가서 뭔가 활동을 하고 있을 거 같애요. 활동을 하면서 아이들을 위해서 무슨 봉사라든가, 뭔가 그런 거에 나도 모르게 이 몸속에 배어 있는 거 같은 느낌이 들어요. 일을 하다 보면 꼭 그런 식으로 진행을 하고 있어요. 그런데 우리 애 아빠가 있으니까, 내 좋은 일만 그렇게 하고 살 수가 없으니까. 그 사람하고 같이 어떻게 할 수 있는 일을 찾을 것 같애요. 그러다 보면 조그만, 아예 뷔페식으로 조그맣게 점심때라도 밥집을 한다라든가. 쌈박한, 그런 식으로 아담하게 큼직하지 않게 그렇게 사서 둘이, 그냥 남은 거 먹고 그렇게 살지 않을까, 그게 애 아빠를 생각 안 할 수가 없어서. 한편으로는 봉사를 하면서 그런 활동을. 자연적으로 진행을 하다 보니까 그런 활동을 하고 싶은데, 겸해도 좋구요. 그렇게 살 수밖에 없을 것 같애요.

11
4·16 활동과 관련한 변화: 진상 규명과 삶에 있어서 호성이의 의미

면담자　　마지막 질문입니다. 진상 규명이라는 게 어머님께 어떤 의미인지, 어머님의 삶에서 호성이는 어떤 의미인지 말씀해 주세요.

호성 엄마　　진상 규명은 우리 아이들의 명예 회복이죠. 우리 애 치료, 아무리 좋은 약을 갖다주고 먹는다 해도 그건 치료가 되지 않고, 진상 규명을 함으로써 잘못됐다고 용서를 빎으로써 우리 아이들이 명예 회복이 되고 우리 엄마들이 치료가 된다고 생각을 하고.

우리 호성이는, 내가 이 목숨 끊어질 때까지는, 항상 호성이가 엄마가 똑바로 살고 있나 없나 감시를 하고 있을 거 같애요. 그래서 '똑바로 살 수밖에 없다'. 그런 성향으로 봤을 때 항상 너무 엄마가, 애가 생각도 많고…. 애 아빠가 하듯이 모든 결정을 내리면 "니는 판단력은 좋은데 결정 내리면 그건[결정을 한 사항에 관해선] 너무 생각하지 말아라. 이 사람은 이럴 것이고 저럴 것이고 너무 재지 말고 그것을 밀고 나가라"[라고 하면서] "그게[추진력이] 부족하다"라고 했는데. 아이의 성향을 봤을 때 우리 엄마가 잘 살고, 웃고 잘 살고 있으면 좋은 데로 갈 것 같은, 그래서 항상 감시를, 감시자처럼 매서운 눈으로 감시를 하고 잔소리를 "엄마 그렇게 살면 안 되지" [할 것 같애요]. 그래서 나는 죽을 때까지 '우리 아들이, 아이가 나를 지켜보고 있구나, 똑바로 살아야 되겠구나'. 그래야만이, 그것도 내 삶이에요. 내가 똑바로 살아야지, 내 자식을 죽어서 볼 수 있을 거 같애요. 방관하고 '이것은 아니야'라고 흥청망청 살았다가는, 내가 죄를 진 게 많아서 아이를 못 만나게 해줄 거 같애. 그래서 죽어서 "너 소원이 뭐냐" 그라면 내 새끼 만나보는 게 소원이라고(울음). 그래서 그 애한테 진짜로 무릎 꿇고 빌고 싶어요. "미안해. 진짜 고마워. 너처럼 따뜻하고, 멋진 아들이 엄마 아들로 왔는데 이것밖에 못 해줘서 진짜 미안하다"고, 꼭 끌어안아 주고 "마지막에 엄마가 무서워서 너를 보지 못하고 뒷걸음친 것도 미안하고", 그런 걸 얘기를 다 해주고. 네, 그래서, 그라고[그렇게] 해주고 싶어요.

면담자   저희 3차 구술 모두 마쳤고요. 혹시 더 남기시고 싶은 이야기 있으세요? 제가 못 여쭤본 거나, '이런 이야기를 꼭 남기고 싶다, 기록으로' 그런 이야기가 있으시면 말씀해 주세요.

호성 엄마   저가 글쎄요, 남기고 싶은 건…. 저도 이것이 기록으로 만 남겨지겠지만은, 정말 '참, 죄 많은 부모다' 그런 생각이 드는데, 나도 이렇게 살리라고는 생각도 못 했어요. 진짜로 이렇게, 내 아들이 이렇게 큰 이런 참사에 이렇게 주인공이 될지도 모르고, 내가 이렇게 될지도 몰랐고, 그냥 내 가정만 꾸리고 살면 사회는 잘 굴러갈 줄 알았는데, 아이를 보내놓고 나니까 이 사회가 엉망진창이라는 것을 알았어요. '진짜 이렇게 없는 사람들, 약한 사람들을 위해서 이 사회가 돌아가고 있지는 않구나. 우리는 개돼지 취급을 진짜로 받고 있구나. 그리고 개돼지 [취급]했을 때, 우리가 개돼지처럼 또 생활을 하고 있지 않나. 배만 부르고 뭐 하고 하면 다 그냥 나쁜 것을, 이상하게 돌아가는 것을 따지지도 않고, 다 그냥 묵인한 것도 이것이 죄다' 라는 생각이 들은 거예요. 그것을 내 자식을 그렇게 보내놓고 이것을 깨달은 거예요.

그래서 '이렇게 살지 말아야 되겠다'. 나는 내가 사는 동안이라도, 이 진상 규명이 안 되고, 이 국가가 이렇게 엉망진창으로 돌아간다면, "이것은 이렇게 하면 안 된다"라고 소리라도 지르고 싶어요. 그라면 더 이상은 나쁘게 진행이 되지 않을 거 아니에요. 그래서 아닌 건 아니라고 말할 수 있는 어른으로, 용기를 내서 앞으로는 계속 그렇게 살고 싶고…. 우리 부모님들도 만약에 이런 참사의 주인공이 아니더라도 이 사회가 너무 진짜 엉망진창이더라구요. 이 사회가 너무 엉망진창이고, 내가 지금 어른으로서 내 생활이 편안하다고 여기 안주하지 말고, '우리나라에 우리 아이들이, 미래에 아이들이 이 현재의 대한민국에서 살아야 된다'라고만 생각을 해주신다면 '움직임이 달라질 거다'라고 나는 생각을 해요. 나는 이렇게 살다 가고 없지만, 내 자식이, 내 손자가, 내 손녀가 살 수 있는 대한민국이 이 나라라면 뭔가는 바꿔줘야 되지 않을까.

거기에서는 어른들이, 엄마, 아빠들이 일어나서 이렇게 살면, 와서 막 데모를 하고 소리 지르고가 아니라 "이렇게 하면 안 된다"라고 한마디라도 조근조근하게 말을 하고. 이렇게라도 하고 집에서는 아이들의 그 목소리를 자꾸 들어주고 아이들을 자꾸 "그만해, 그만해, 조용히 해, 조용히 해" 그런 교육이 아니라, 아이들의 자꾸 대화를 들어주고 아이들의 자꾸 머리나 생각이 커져갈 수 있도록 [하는] 그런 교육이 대한민국에는 집에서부터 필요하다[고 생각해요].

저는 그렇게 못 하고, 저가 그렇게 살아온 사람입니다. 나부터가 학교 가면 "조용[히] 해, 조용[히] 해". 우리 아이가 하도, 이렇게 뭐예요, 질문도 많고 가정사 돌아가는 것도 궁금해하고 이렇기 때문에, 학교 가면 말조심하고 선생님한테 질문 웬만한 것은 따지고 하지 말고, 그냥 네, 네, 하고. 집에서도 "어른들이 결정한 건 니 좋으라고 하는 거니까 이렇게 따라 하라"고 했지만 그게 아니더라고요, 이 교육이. 진짜 아이를 보내놓고 '이게 아니다. 이게 아니구나. 내가 아이를 교육을 희한하게 시켰구나. 아이를 바보로 만들었구나'. 그런 게 진짜 반성하고, 반성합니다. 대한민국의 국민, 부모, 엄마, 아빠들은, 진짜 엄마, 아빠라도 바뀌어야 됩니다. '엄마, 아빠들은 아이들을, 미래에 대한민국을 이끌어가는 아이들을 이런 교육을 시켜서는 안 된다'라는 그것을 절실하게 느꼈거든요. 아이들이 그렇게 당당하게 자기 말을 표현을 하고, 자기 말에 책임을 지고 실천을 할 수 있는 그런 아이로 키웠으면 좋겠습니다.

면담자   여러 차례 이렇게 쉽지 않은 이야기를 해주신 우리 호성 어머님께 감사드리고요. 이 작업이 궁극적으로 진상 규명과 또 우리 다음 세대 아이들에게 더 나은 사회를 만들어주는 데 기여할 수 있기를 바라겠습니다. 감사합니다.

호성 엄마   고생 많이 하셨습니다.

호성 엄마 정부자

4·16구술증언록 단원고 2학년 6반 제5권

그날을 말하다 호성 엄마 정부자

ⓒ 4·16기억저장소, 2020

기획 편집 4·16기억저장소 | **지원 협조** (사)4·16세월호참사가족협의회
펴낸이 김종수 | **펴낸곳** 한울엠플러스(주)
초판 1쇄 인쇄 2020년 4월 1일 | **초판 1쇄 발행** 2020년 4월 16일
주소 10881 경기도 파주시 광인사길 153 한울시소빌딩 3층
전화 031-955-0655 | **팩스** 031-955-0656 | **홈페이지** www.hanulmplus.kr
등록번호 제406-2015-000143호

Printed in Korea.
ISBN 978-89-460-6759-2 04300
       978-89-460-6801-8 (세트)
* 책값은 겉표지에 표시되어 있습니다.